Emrys Davies

Y BEIBL CY

CYFRES O

LLYFR DATGUDDIAD

gan

CATRIN HAF WILLIAMS

ISBN 1-903314-45-3

Argraffwyd yng Nghymru

Dymuna'r cyhoeddwyr gydnabod cymorth Adrannau Cyngor Llyfrau Cymru.

Clawr: Elgan Davies

Cyhoeddwyd gan
Wasg Pantycelyn, Caernarfon
ar ran
Pwyllgor y Beibl Cymraeg

Y BEIBL CYMRAEG NEWYDD
CYFRES O ESBONIADAU

Golygydd:
Yr Athro Gwilym H. Jones

Golygydd Cynorthwyol:
Yr Athro D.P. Davies

Y bwriad yn y gyfres hon yw cyhoeddi dwsin o esboniadau ar rai o lyfrau'r Beibl, dau bob blwyddyn, un ar yr Hen Destament ac un ar y Testament Newydd. Byddant yn dilyn y cyfieithiad o'r Ysgrythur sydd yn *Y Beibl Cymraeg Newydd*. Amcan y gyfres yw esbonio mor syml ac uniongyrchol ag sydd bosibl gynnwys llyfrau'r Beibl. Y mae pob un o'r awduron yn arbenigwr yn ei faes, sef iaith y gwreiddiol, boed yn Hebraeg neu Roeg, y cefndir hanesyddol a diwinyddol a thueddiadau esboniadaeth ysgolheigaidd yn y maes a drafodir. Ond fe benderfynwyd cadw'r drafodaeth ar y pynciau hyn yn y cefndir a chyflwyno'n unig yr hyn sy'n gwbl angenrheidiol i ddeall y testun. Ffrwyth ysgolheictod beiblaidd a welir yn y gyfres, ac nid manylion y trafod. Y nod yw cyflwyno'n glir ac yn ddealladwy yr hyn y mae'r geiriau a gofnodwyd yn y Beibl yn ei gyfleu.

RHAGAIR

Hoffwn ddiolch yn gyntaf i Gydbwyllgor Cyfieithu'r Beibl Cymraeg Newydd am y gwahoddiad i ysgrifennu esboniad ar gyfer aelodau'r Ysgolion Sul. Mae Llyfr Datguddiad, ac apocalyptiaeth yn gyffredinol, wedi bod yn faes diddordeb i mi ers sawl blwyddyn, a bu myfyrwyr ym Mhrifysgol Cymru, Bangor, yn gorfod gwrando arnaf yn darlithio ar y testun hwn ar fwy nag un achlysur. Rhoddwyd sylw arbennig i lyfr olaf y Beibl gan amryw o ysgolheigion yn ystod y ddegawd olaf, yn enwedig yn Lloegr a'r Unol Daleithiau, ac mae fy nyled yn fawr i'r gweithiau hynny a restrir yn y Llyfryddiaeth.

Efallai mai dyfodiad mileniwm newydd sy'n rhannol esbonio'r ffaith fod esbonwyr yn troi drachefn at Lyfr Datguddiad, er i'r llyfr hwn barhau ar yr ymylon mewn cylchoedd eglwysig. Ceir darlleniad yn ysbeidiol o weledigaethau gogoneddus yr orseddle nefol neu'r Jerwsalem newydd, a bydd ambell bregeth yn seiliedig ar y cyfarwyddiadau a gofnodir yn y llythyrau at y saith eglwys. Mae amryw o resymau paham nad yw Llyfr Datguddiad yn cael y sylw a haedda, ac mi nodaf rai ohonynt ar ddechrau'r Rhagarweiniad. Fy ngobaith, er hynny, yw y bydd aelodau'r Ysgolion Sul yn ailddarganfod neges rymus Llyfr Datguddiad wrth fyfyrio ar ei gynnwys yn ystod y flwyddyn nesaf, ac y bydd yr esboniad hwn yn rhywfaint o gymorth iddynt.

Carwn ddiolch i'r Athro Gwilym H. Jones am ei gyngor a'i amynedd, i'r Athro D. P. Davies am bob cymorth, ac i staff Gwasg Pantycelyn am eu cydweithrediad parod.

Catrin H. Williams,
Prifysgol Cymru, Bangor.

RHAGARWEINIAD

Testun rhyfeddol, llawn angerdd a drama, yw Llyfr Datguddiad, ond nid oes unrhyw lyfr arall yn y Beibl wedi ysgogi pobl i ymateb mewn ffyrdd mor amrywiol i'w gynnwys a'i neges. Caiff nifer eu denu at Lyfr Datguddiad gan dreiddgarwch ei weledigaeth broffwydol, ond mae eraill yn ei osod o'r neilltu o achos amwyster ei symboliaeth ac oherwydd y ffaith ei fod yn agored i gamddefnydd a chamddehongliad.

Cred llawer fod delweddau a symbolau'r llyfr mor astrus ac annealladwy, fel ei bod hi'n amhosibl gwybod sut i ddarllen y gwaith a mynd i'r afael â'i neges. Yn ogystal â hyn, gwnaethpwyd ymgais ers dyddiau cynnar yr Eglwys i gynnig dehongliadau llythrennol a charicaturaidd o weledigaethau Llyfr Datguddiad, a dychrynwyd pobl yn enbyd o'r herwydd gan ei ddarluniau treisgar o geffylau dinistr, o fwystfil amlben, ac o butain yn yfed gwaed y saint. Dehonglwyd y testun hefyd fel rhagfynegiad llythrennol o ddiwedd y byd, fel union gofnod o amserlen Duw, gan beri i unigolion a mudiadau mewn cyfnodau diweddarach geisio cyflawni ei olygfeydd erchyll o erledigaeth, brwydrau a phlâu. Fe'n hatgoffwyd o hyn yn bur ddiweddar pan benderfynodd rhai grwpiau ymylol (megis y Solar Temple a'r Branch Davidians) 'berfformio' gweledigaethau canolog y llyfr er mwyn hybu dyfodiad y Diwedd ar drothwy mileniwm newydd. Dywed amryw, fel canlyniad, mai testun a berthyn i'r gorffennol pell yw Llyfr Datguddiad, ac mai dim ond haneswyr ac esbonwyr beiblaidd sy'n gymwys i'w drafod. Awgrym eraill, fodd bynnag, yw y dylid ei ddehongli mewn termau alegorïaidd fel llyfr llawn gwirioneddau tragwyddol, un sydd i'w ddatgysylltu o'i gyd-destun gwreiddiol ac o'i neges bwerus am y dyfodol.

Nid oes amheuaeth nad yw astudio Llyfr Datguddiad yn orchwyl sy'n mynnu llawer gan ei ddarllenwyr, ond gall yr ymdrech fod yn un werthfawr a phroffidiol os llwyddir i ddal ati gyda'r llyfr o'i ddechrau i'w ddiwedd. Nid cynnig amserlen systematig o'r Diwedd yw bwriad awdur Llyfr Datguddiad, ond cyflwyno cyfres o ddarluniau bywiog, rhai sy'n aml yn gorgyffwrdd â'i gilydd fel troell symudliw, er mwyn i'r darllenwyr gael eu dwyn i mewn i gynnwrf y ddrama fawr. Cânt eu siarsio i symud yn ôl ac ymlaen yn barhaus o'r darluniau grymus o ddrygioni a barn i'r gweledigaethau delfrydol o ddaioni a bendith, a hynny er mwyn iddynt eu gosod eu hunain ar y droell apocalyptaidd. Mae strwythur deinamig, troellog, Llyfr Datguddiad yn dechneg effeithiol felly i ddeffro ac aflonyddu'r darllenwyr a'u hannog i edifarhau a dyfalbarhau. Ond mae troell apocalyptaidd Llyfr Datguddiad yn symud ymlaen hefyd tua'i nod, at ben y daith, sef y weledigaeth ogoneddus o ddinas sanctaidd a gardd bardwysaidd lle gall pob 'tyst ffyddlon' gyfranogi o fywyd tragwyddol. Ac er nad bwriad yr awdur yw datgan pa bryd yn union y daw cwymp drygioni a buddugoliaeth Duw a'r Oen, mynega hyder di-syfl trwy gydol y llyfr yn nyfodiad y Diwedd.

Cefndir Hanesyddol Llyfr Datguddiad

Amgylchiadau'r Saith Eglwys yn Asia Leiaf. Ni ellir darllen a dehongli Llyfr Datguddiad heb roi sylw i'w gyd-destun hanesyddol, gwreiddiol. Cyfansoddwyd y llyfr mewn cyfnod o greisis ac o wrthdaro rhwng cymunedau Cristnogol yn Asia Leiaf (1: 4, 11, 20; 2-3) ac awdurdodau'r Ymerodraeth Rufeinig, ar y naill law, a rhwng aelodau o fewn yr eglwysi hynny, ar y llaw arall. Ymddengys, felly, fod darllenwyr cyntaf Llyfr Datguddiad yn wyneb anawsterau a gyfyd fell canlyniad i ffactorau gwleidyddol a chymdeithasol. Ar lefel wleidyddol, mae arwyddion o fewn y llyfr bod rhai Cristnogion yn cael eu herlid gan yr awdurdodau Rhufeinig (2: 13; 13: 7, 14-17; 14: 11-12) am iddynt wneud safiad yn erbyn y cwlt ymerodrol, a orchmynnai iddynt addoli'r ymerawdwr (yr oedd y cwlt yn arbennig o ddylanwadol yn Asia Leiaf, ac amcangyfrifir bod tua wythdeg o demlau ymerodrol mewn chwedeg o ddinasoedd y dalaith yn ystod y ganrif gyntaf OC).

Ond, ar lefel gymdeithasol, tensiynau mewnol a grewyd yn bennaf gan y cwlt ymerodrol. O achos y cysylltiad annatod rhwng eilunaddoliaeth a masnach mewn dinasoedd paganaidd (yr oedd hi'n arferiad i urddau o fasnachwyr wledda ar fwyd wedi ei aberthu i eilunod), yr oedd amryw o Gristnogion o dan bwysau i gyfaddawdu eu daliadau crefyddol ac i ymdoddi i ddiwylliant dinesig er mwyn sicrhau eu ffyniant economaidd (cymh. 13: 17; 18: 9-19). Mae awdur Llyfr Datguddiad yn annog aelodau'r saith eglwys i wrthsefyll safonau eilunaddolgar eu hamgylchfyd, yn ogystal â'r hunanfodlonrwydd a ddaw yn sgil cyfoeth (3: 17). Condemnir, gan hynny y rhai hynny sydd eisoes yn euog o'r fath drosedd (2: 13-15, 20). Dyma paham y gelwir ar ddarllenwyr y llyfr i ddyfalbarhau mewn ffydd ac, yn achos eraill, i edifarhau o'u pechod.

Awdur. Ar ddechrau'r llyfr mae'r awdur yn ei gyflwyno'i hun fel Ioan, gwas Iesu (1: 1; cymh. 1: 4, 9; 22: 8). Mae'r hunan-ddisgrifiad cynnil hwn yn tystio ei fod yn ffigur cyfarwydd i dderbynwyr gwreiddiol y llyfr. Er na honna'n agored mai proffwyd ydyw, dyma a awgrymir gan eiriau'r angel (22: 9: 'Cydwas â thi wyf fi, ac â'th frodyr y proffwydi') a gan y disgrifiad o'r gwaith fel proffwydoliaeth (1: 3; 22: 7, 10, 18, 19). Mae'n debygol hefyd fod Ioan yn broffwyd teithiol a weithiodd ymhlith aelodau'r saith eglwys yn Asia Leiaf, sy'n esbonio ei wybodaeth drylwyr o'u hamgylchiadau (pen. 2-3). Awgryma nifer o ffactorau mai Cristion o dras Iddewig yw Ioan; ceir adleisiau niferus o'r HD (fersiynau Groeg a Hebraeg) a thraddodiadau apocalyptaidd Iddewig yn ei lyfr, tra awgryma'r ffaith fod ei Roeg yn llawn idiomau Semitaidd a chystrawennau trwsgwl mai Aramaeg yw mamiaith yr awdur. Yn wir, ar sail agwedd elyniaethus yr awdur at Rufain, a'i bresenoldeb yn Asia Leiaf, dadleua rhai esbonwyr ei fod yn ffoadur a ddihangodd o Jwdea yn fuan ar ôl cwymp Jerwsalem yn 70 OC.

Yr oedd 'Ioan' yn enw Iddewig cyffredin yn ystod y ganrif gyntaf OC, a phur ddiweddar yw tystiolaeth y Tadau eglwysig mai'r apostol Ioan, Ioan fab Sebedeus, yw awdur Llyfr Datguddiad. Yn un o weithiau Iestyn Ferthyr (oddeutu 135 OC) y ceir y cyfeiriad cynharaf at awduraeth apostolaidd y llyfr (*Deialog â Thryffo* 81.4: 'Ioan, un o apostolion Crist'), ac ni cheir unrhyw awgrym gan yr awdur ei fod yn ei ystyried ei hun yn apostol (gw. 21: 14). Os derbynnir mai'r apostol Ioan yw awdur (neu awdurdod) Efengyl Ioan, mae'r gwahaniaethau sylfaenol rhwng y ddau lyfr, o ran eu diwinyddiaeth, iaith ac arddull, yn ei gwneud hi'n anodd derbyn eu bod yn deillio o law'r un awdur. Y mae un peth yn sicr er hynny, sef mai ar sail y traddodiad ynghylch ei awduraeth apostolaidd y llwyddodd Llyfr Datguddiad i gael ei gynnwys yng nghanon y TN.

Dyddiad. Y farn a goleddir gan y mwyafrif o esbonwyr heddiw yw mai yn ystod cyfnod olaf teyrnasiad yr ymerawdwr Domitian (81-96 OC) y cyfansoddwyd Llyfr Datguddiad. Derbynnir y dyddiad hwn bron yn unfrydol gan y Tadau eglwysig (cymh. Irenaeus, *Yn Erbyn Heresïau*, 5.30.3; Eusebius, *Hanes yr Eglwys*, 3.18.1). Gwnaethpwyd ambell ymdrech, er hynny, i ddyddio'r llyfr yn ystod teyrnasiad yr arch-erlidiwr Nero (54-68 OC), yn enwedig o achos diffyg tystiolaeth ynghylch erledigaeth systematig a chyffredinol y Cristnogion yn ystod teyrnasiad Domitian. Ni ellir diystyru'r posibilrwydd, fodd bynnag, mai erledigaethau lleol ac ysbeidiol a ddioddefodd Cristnogion o dan law Domitian, ac, er gwaethaf prinder y cyfeiriadau yn y llyfr at ferthyron penodol (2: 13) ac at erledigaeth yn y presennol (1: 9; 2: 9), mae'n amlwg fod Ioan yn disgwyl mwy o orthrymder (2: 10; 7: 14) ac yn cynnig cysur i'r tystion ffyddlon hynny sy'n barod i wrthsefyll safonau eilunaddolgar Rhufain hyd angau (cymh. 6: 9-11; 7: 9-17; 16: 6; 17: 6; 18: 24). Cyfansoddwyd Llyfr Datguddiad mewn cyfnod pan oedd yr ymerawdwr Rhufeinig yn mynnu cael ei addoli gan ei ddeiliaid (13: 4, 12, 15-16; 14: 9; 16: 2; 20: 4). Mae'n drawiadol, felly, fod Domitian wedi troi'r cwlt ymerodrol yn bolisi swyddogol yr Ymerodraeth yn ystod ei deyrnasiad; cysegrwyd teml i Domitian a'i deulu yn Effesus (89/90 OC), tra dywed yr hanesydd Suetonius ei fod yn mynnu cael ei gyfarch fel 'ein Harglwydd a'n Duw' (*Domitian*, 13).

Gellir nodi ffactorau eraill sy'n awgrymu mai yn ystod degawadau olaf y ganrif gyntaf OC y cyfansoddwyd Llyfr Datguddiad. Yn gyntaf, mae'r llyfr yn gwneud defnydd cyson o'r enw symbolaidd 'Babilon' i ddynodi dinas Rhufain (16: 19; 17: 5; 18: 2), am fod y naill a'r llall wedi cipio dinas Jerwsalem a dinistrio ei theml. Dim ond testunau a gyfansoddwyd ar ôl cwymp Jerwsalem yn 70 OC a ddefnyddia'r arwyddair hwn (4 Esra; 2 Baruch; cymh. 1 Pedr 5: 13). Yn ail, mae'r cyfeiriad at iachâd yr ergyd farwol ar un o bennau'r bwystfil (13:1, 12), ac at y bwystfil fel yr un 'oedd yn bod, ac nid yw'n bod, ond y mae ar fin dringo o'r pydew diwaelod' (17:8) yn adleisio'r chwedl boblogaidd am y Nero atgyfodedig yn dychwelyd o'r bedd. Hyd yn oed os datblygodd y chwedl yma'n fuan ar ôl marwolaeth Nero (68 OC), mae'n ffenomen gyffredin mewn gweithiau apocalyptaidd megis Llyfr Datguddiad i ailgylchu deunydd a gyfansoddwyd rai degawdau yn gynharach.

Llyfr Datguddiad fel Testun Apocalyptaidd

Yn adnod agoriadol y llyfr defnyddia Ioan y gair 'datguddiad' (*apokalypsis*) i ddisgrifio cynnwys ei weledigaethau, y gair a fu'n symbyliad i'r defnydd cyfoes o'r term 'apocalyps' i ddynodi math o lenyddiaeth oedd yn boblogaidd mewn cylchoedd Iddewig a Christnogol gynnar rhwng 200 CC a 200 OC. Dau lyfr yn y Beibl a ddiffinir heddiw fel 'apocalyps', sef Llyfr Datguddiad a Daniel 7-12, er y ceir amryw o adrannau sy'n apocalyptaidd o ran eu naws (Es. 24-27; Sech. 9-14; Marc 13). Ceir sawl apocalyps arall, Iddewig a Christnogol, yn yr Apocryffa a'r Psewdepigraffa, ac fel yr awgryma teitl yr ail gasgliad, nodwedd gyffredin yr holl destunau apocalyptaidd hyn yw'r honiad mai arwr neu ffigur adnabyddus o'r gorffennol yw eu hawdur (e.e. Apocalyps Abraham, Esgyniad Eseia, Llyfrau Enoch).

Ystyr lythrennol y gair *apokalypsis* yw 'yr hyn a ddadorchuddir', ond nid yw'r diffiniad hwn yn cwmpasu holl nodweddion apocalyps, dim mwy na'r duedd ymhlith esbonwyr yn y gorffennol i fodloni ar ddisgrifio ei gynnwys: gweledigaethau, lliwiau, symbolau mytholegol megis anifeiliaid, rhifau cyfrin, defnydd o'r HD. Y drefn ymhlith ysgolheigion cyfoes, fodd bynnag, yw cymharu Llyfr Datguddiad â thestunau apocalyptaidd eraill, a chynnig diffiniad ohono fel apocalyps ar sail ei ffurf, ei gynnwys a'i amcan.

O ran ei ffurf, gellir diffinio Llyfr Datguddiad fel testun apocalyptaidd am mai naratif ydyw ar ffurf hunangofiant sy'n ddisgrifiad o'r gweledigaethau datguddiol a wêl yr awdur (1: 9 - 22: 20). Mae'r gweledydd (Ioan) yn derbyn datguddiad dwyfol trwy gyfrwng ffigur nefol (y Crist dyrchafedig neu angylion), un ai pan fo Ioan ar y ddaear (1: 10) neu fel canlyniad i'w daith yng nghwmni ei dywysydd (cymh. 4: 1; 17: 1; 21: 9). Yna caiff ei orchymyn gan ffigur nefol neu gan Dduw ei hun i gofnodi'r hyn a welodd ac a glywodd.

Mae pob testun apocalyptaidd, o ran cynnwys, yn datgelu'r gwirioneddau dirgel am Dduw a'r byd nefol. Eu bwriad yw tynnu'r llen yn ôl a gwneud yn weledig yr hyn sy'n anweledig i lygaid dynol. Er mai'r duedd yw uniaethu Llyfr Datguddiad â'i ragfynegiadau ynghylch y Diwedd (= pethau eschatolegol), mae'r llyfr hefyd yn cynnwys amryw o weledigaethau am realiti Duw a'r byd nefol yn y presennol. Tra bod y gweledigaethau sy'n delio â phynciau eschatolegol megis barn, atgyfodiad a'r greadigaeth newydd wedi'u llunio o bersbectif llorweddol (y berthynas rhwng y byd hwn a'r byd sydd i ddod), mae'r gweledigaethau sy'n delio â gwirioneddau presennol megis Crist yn sefyll yng nghanol y canhwyllbrennau (1: 9-20) a Duw ar yr orsedd nefol (pen. 4-5) wedi'u llunio o bersbectif fertigol (y berthynas rhwng y byd daearol oddi isod a'r byd nefol oddi uchod). Mae Ioan yn hyderus fod y Diwedd ar ddigwydd (cymh. 22: 10) a bod barn ac atgyfodiad yn mynd i ymddangos yn fuan ar y ddaear; gall darllenwyr, felly, gael eu cysuro gan y ffaith fod Duw ar fin ymyrryd i orchfygu Satan a'i offerynnau daearol (yr Ymerodraeth Rufeinig). Mae Ioan hefyd yn argyhoeddiedig fod Duw eisoes wedi'i orseddu yn frenin yn yr orseddle nefol, er gwaethaf y ffaith fod trigolion y ddaear yn cael eu gorfodi i dderbyn yr ymerawdwr fel eu brenin.

Ni ellir gwahanu amcan testun apocalyptaidd oddi wrth y ffaith fod pob apocalyps yn deillio o gyfnod o orthrwm a chreisis, boed o dan law'r Groegiaid neu'r Rhufeiniaid. Mewn cyfnod pan fo'r ymerawdwr fel petai'n rheoli pawb a phob peth, mae Ioan yn cynnig neges o obaith i'w ddarllenwyr, gan eu hargyhoeddi ynghylch sofraniaeth Duw, 'yr hwn sydd a'r hwn oedd a'r hwn sydd i ddod' (1: 4), a'i ymyrraeth yn fuan i goncro drygioni ac i sefydlu ei frenhiniaeth dragwyddol ar y ddaear. Ar ben hyn, mae gweledigaethau Ioan yn codi'r mwgwd ac yn datgelu gwir gymeriad yr Ymerodraeth a dinas Rhufain; bwystfil erchyll yw'r naill a phutain feddw yw'r llall, a'u tynged yw cael eu bwrw gan Dduw i'r llyn tân a brwmstan. Mae'r alwad felly ar i ddarllenwyr Llyfr Datguddiad ailasesu eu sefyllfa bresennol. Os yw swyn cyfoeth a moethusrwydd Rhufain, neu'r dioddefaint a ddaw fel canlyniad i wrthod addoli'r ymerawdwr, wedi peri i rai Cristnogion ildio i'r awdurdodau, geilw Ioan arnynt i edifarhau o'u pechod. Ac os mai cael eu temtio i gyfaddawdu wna eraill, cânt hwythau eu hannog i ddyfalbarhau mewn ffydd.

Llyfr Datguddiad fel Proffwydoliaeth

Pan gyfeiria Ioan at ei waith fel proffwydoliaeth (1: 3; 10: 11; 22: 6-7, 10, 18-19), nid yw'n defnyddio'r term i ddynodi'r dasg o ragfynegi'r dyfodol (cymh. Actau 11: 27-28), ond, yn nhraddodiad proffwydi'r HD, i ddisgrifio'i waith fel galwad ar ei ddarllenwyr i edifarhau a dyfalbarhau. Yn wir, mae'r awdur hwn yn ystyried ei lyfr fel uchafbwynt holl draddodiadau proffwydol yr HD, oherwydd y mae cynllun Duw a ddatgelir trwy gyfrwng gweledigaethau Ioan yn gyflawniad o eiriau'r proffwydi: 'Bydd bwriad dirgel Duw wedi ei ddwyn i ben, yn unol â'r newyddion da a gyhoeddodd i'w weision, y proffwydi' (10: 7). Craidd y weledigaeth broffwydol a gyflawnir yn Llyfr Datguddiad yw'r gred y bydd brenhiniaeth dragwyddol a gogoneddus Duw yn cael ei sefydlu drwy'r holl ddaear.

Mae agwedd arbennig Ioan at y traddodiadau proffwydol yn esbonio paham mae'n gyson adleisio, ond byth yn dyfynnu, geiriau'r proffwydi. Yn wir, yn ôl un amcangyfrif, ceir dros 200 o adleisiau o amrywiol lyfrau'r HD yn 404 o adnodau Llyfr Datguddiad, yn enwedig o lyfrau Eseia, Jeremeia, Eseciel, Daniel, Joel a Sechareia. Nid ailadrodd y traddodiadau proffwydol hyn a wna Ioan, ond eu dehongli o'r newydd mewn gweledigaeth broffwydol-apocalyptaidd newydd. Mae'r weledigaeth hon i'w gweld a'i dehongli yng ngoleuni bywyd, marwolaeth ac atgyfodiad Iesu, ac mae'r alwad ar i ddarllenwyr Llyfr Datguddiad gyfranogi o'r weledigaeth hon ac o fuddugoliaeth yr Oen drwy ddilyn llwybr ei dystiolaeth ffyddlon.

LLYFR DATGUDDIAD

1: 1-8 **Rhagymadrodd a Chyfarchiad**

Amcan yr adran agoriadol, yn wir y bennod gyntaf ar ei hyd, yw pwysleisio tarddiad dwyfol yr hyn a fynegir yn Llyfr Datguddiad. Cyflwynir y *datguddiad a roddwyd gan Iesu Grist* fel un a roddwyd i Iesu gan Dduw, ac a ddatguddiwyd i Ioan gan angel er mwyn iddo adrodd y cwbl a welodd i'r credinwyr a gyferchir ganddo (adn. 1-2). Yn hyn o beth, gellir diffinio'r ddwy adnod gyntaf – un frawddeg yn y testun Groeg – fel teitl i'r llyfr, tra dywed Ioan ei fod yntau wedi tystio'n ffyddlon i air Duw ac i dystiolaeth Iesu.

O fewn fframwaith llythyr y cyflwyna'r awdur ei neges, fel y dengys y gair o gyfarchiad a ddaw ar ôl y teitl (adn. 4-6) a'r fendith sy'n cloi'r llyfr (22: 21). Ac er i Ioan gyfeirio at ei waith fel *proffwydoliaeth* (adn. 3), y gair a ddefnyddia i ddisgrifio'r gweledigaethau sy'n sail i gynnwys ei lyfr yw datguddiad (Groeg: *apocalypsis*). O adnod gyntaf Llyfr Datguddiad y deillia'r defnydd a wneir heddiw o'r term 'apocalyps' a'r ansoddair 'apocalyptaidd' i ddynodi ffurf lenyddol oedd yn boblogaidd mewn cylchoedd Iddewig a Christnogol yn ystod y ddwy ganrif cyn a'r ddwy ganrif ar ôl cyfnod cyfansoddi Llyfr Datguddiad. Mae hi'n bosibl amlinellu gogwydd apocalyptaidd y llyfr fel a ganlyn: cyfrwng ydyw i ddadorchuddio'r dirgelion dwyfol ac i ddatgelu agwedd Duw a'r byd nefol tuag at y byd daearol ac ymarweddiad dynol. Fel mewn gweithiau apocalyptaidd eraill o'r cyfnod, cynnig sialens herfeiddiol oddi uchod a wna Llyfr Datguddiad. Geilw Ioan ar ei ddarllenwyr i feithrin persbectif newydd wrth iddynt ystyried eu hamgylchiadau a'u swyddogaeth o fewn y byd. Gan mai'r arfer oedd darllen y llyfr ar goedd pan ddeuai'r credinwyr ynghyd i addoli, fe ddatgan yr awdur mai gwynfydedig yw'r sawl sydd yn darllen, yn gwrando ac, yn bennaf, yn cadw'r hyn sy'n ysgrifenedig ynddo (adn. 3).

Gwneir apêl arnynt i ystyried ei neges ar frys *oherwydd y mae'r amser yn agos* (adn. 3), gan ategu'r hyn a ddywedwyd am *y pethau y mae'n rhaid iddynt ddigwydd ar fyrder* (adn. 1). Mae'r eirfa yn nodweddiadol o eschatoleg Gristnogol gynnar, ac yn gyfrwng i fynegi'r gobaith fod Iesu ar fin dychwelyd i'r byd fel Arglwydd atgyfodedig a dyrchafedig. Er hynny, mae hi'n anodd penderfynu ai diwedd y byd (ffisegol) ynteu diwedd y drefn bresennol sydd gan Ioan mewn golwg. O blaid yr ail ddehongliad mae cred ddiysgog y credinwyr cynnar fod y drefn newydd eisoes wedi gwawrio trwy gyfrwng marwolaeth ac atgyfodiad Crist; cyflawnir y cynllun dwyfol pan fydd yr holl fyd yn cydnabod sofraniaeth Duw ac arglwyddiaeth Iesu, a bydd yntau'n teyrnasu am fil o flynyddoedd (20: 1-10). Geilw Ioan ar ei ddarllenwyr i fod yn agored i'r drefn newydd hon.

Gyda chymorth cyfarchiad sydd hefyd yn nodweddiadol o lythyrau Paul, cyfeirir yn uniongyrchol at ddarllenwyr y llyfr fel *y saith eglwys yn Asia* (adn. 4). Heb amheuaeth, yr oedd mwy na saith o eglwysi Cristnogol yn y dalaith Rufeinig hon ar arfordir gorllewinol Asia Leiaf, gan gynnwys eglwysi Colosae (Col. 1: 2), Hierapolis (Col. 4: 13) a Troas (Actau 20: 5). Ond, o ystyried hoffter Ioan o'r rhif saith fel symbol o gyflawnder ac fel arwydd o darddiad dwyfol yr hyn a ddisgrifir (ymddengys y rhif hwn 54 o weithiau yn y llyfr), mae'r saith eglwys yn cynrychioli llu o gynulleidfaoedd Cristnogol a wynebai amgylchiadau tebyg, gan alluogi Ioan i ddaearu'r datguddiad nefol sydd yn ganolbwynt i'w lyfr (gweler pen. 2-3).

Iaith gyffesiadol a thraddodiadol a nodwedda eiriau agoriadol y cyfarchiad yn adn. 4, ond dyma'r unig lyfr yn y TN a gyfeiria nid yn unig at Dduw a Iesu Grist, ond hefyd at y saith ysbryd fel ffynonellau gras a thangnefedd. Rhoddir lle blaenllaw i driawdau eraill hefyd yn y fawlgan (adn. 4-7), a'r cyntaf ohonynt yw'r disgrifiad nodedig o Dduw fel *yr hwn sydd a'r hwn oedd a'r hwn sydd i ddod* (cymh. 1: 8; 4: 8; gweler hefyd 11: 17; 16: 5: 'yr hwn sydd a'r hwn oedd'). O dreftadaeth Iddewig yr awdur y deillia'r teitl hwn, oherwydd ceir enghreifftiau cyffelyb mewn dehongliadau Iddewig o'r enw 'Yahweh'. Yn ôl Exodus 3:14, mae Yahweh yn egluro arwyddocâd ei enw wrth Moses trwy gyfrwng y ferf 'bod' (Hebraeg: *hayah*): 'Ydwyf yr hyn ydwyf' (*'ehyeh 'asher 'ehyeh*). Ond fe berthyn cryn amwyster i'r eglurhad beiblaidd hwn, gan beri i ddehonglwyr Iddewig diweddarach gynnig aralleiriad lle rhoddir y pwyslais ar fodolaeth dragwyddol Duw. Gan hynny, mae'r Targwm (cyfieithiad Aramaeg o'r HD) yn aralleirio 'Ydwyf yr hyn ydwyf' (Ex. 3: 14) fel 'Myfi yw'r un oedd ac a fydd', tra dehonglir y datganiad dwyfol 'Myfi, myfi yw Ef' (Deut. 32: 39) fel 'Myfi yw'r un sydd ac a oedd, a myfi yw'r un a fydd'. Un gwahaniaeth trawiadol, fodd bynnag, yw'r dehongliad o'r trydydd cymal yn adn. 4 yn nhermau presenoldeb gweithredol Duw (*yr hwn sydd i ddod*), yr un a ddaw i farnu ac i achub yn y dyfodol (cymh. Salm 96: 13: 'oherwydd y mae'n dod i farnu'r ddaear'; Es. 40: 10: 'Wele'r Arglwydd Dduw yn dod mewn nerth'). Nid mewn termau haniaethol, felly, y disgrifir bodolaeth absoliwt Duw ar ddechrau Llyfr Datguddiad; mae'r pwyslais yn hytrach ar effaith ei ddyfodiad ar drigolion y byd a gall credinwyr fod yn hyderus y bydd Duw, yr Un sydd ac a oedd, yn ymyrryd drachefn.

Daw gras a thangnefedd yn ogystal gan *y saith ysbryd sydd gerbron ei orsedd* (adn. 4). Mae'n dra phosibl mai cyfeiriad sydd yma at y saith angel a saif gerbon gorsedd Duw (8: 2), er i amryw o esbonwyr awgrymu eu bod yn cynrychioli Ysbryd Duw yn ei gyflawnder (gweler ymhellach 4: 5; 5: 6), gyda golwg ar ei weithgarwch yn y byd, yn yr un modd ag y mae'r saith eglwys yn symbol o'r Eglwys. Os felly, mae'r cyfeiriad at saith ysbryd yn adleisio'r darlun yn Sechareia 4 o ganhwyllbren a saith o lampau arno; dywedir mai'r lampau yw 'llygaid yr Arglwydd sy'n tramwyo dros yr holl ddaear' (4: 10), tra bod Duw ei hun yn datgan: 'Nid trwy lu ac nid trwy nerth, ond trwy fy ysbryd' (4: 6).

Disgrifir Iesu, trydydd ffynhonnell gras a thangnefedd, gyda chymorth triawd o deitlau sy'n canolbwyntio yn eu tro ar ei fywyd a'i farwolaeth, ei atgyfodiad a'i fuddugoliaeth derfynol (adn. 5). Ef yw'r *tyst ffyddlon* a seliodd ei dystiolaeth trwy gyfrwng ei fywyd a'i farwolaeth, tra mai dilyn esiampl Iesu a wna'r rhai hynny sy'n ffyddlon hyd at angau ac yn gweithredu fel tystion gerbron y byd (2: 13; 11: 3). Crist hefyd yw'r *cyntafanedig oddi wrth y meirw*, oherwydd ef yw blaenffrwyth atgyfodiad y credinwyr (cymh. Col. 1: 18; 1 Cor. 15: 20) a sylfaenydd y drefn newydd. Un o ganlyniadau'r drefn hon yw bod gwerthoedd y byd daearol yn cael eu troi wyneb i waered; rhagfynegir goruchafiaeth Iesu, gan hynny, wrth gyfeirio ato fel *llywodraethwr brenhinoedd y ddaear*, oherwydd ef – nid pwerau'r byd hwn – a deyrnasa mewn gwirionedd.

Yn ogystal â'r teitlau a briodolir i Iesu, ceir portread triphlyg o effaith ei waith achubol: mae Crist yn caru'r credinwyr, wedi eu rhyddhau o'u pechodau â'i waed a'u gwneud yn urdd frenhinol ac yn offeiriaid i wasanaethu Duw (adn. 5b-6). Dysgeidiaeth a gysylltir yn bennaf â diwinyddiaeth Paul yw'r dehongliad o farwolaeth aberthol Iesu yn nhermau rhyddid o gaethiwed pechod (cymh. Rhuf. 3: 21-26), er bod gwreiddiau'r syniad o dywallt gwaed er mwyn sicrhau achubiaeth i'w canfod yn y system aberthol Hebreig (Lef. 9). Fel mewn amryw o adrannau yn Llyfr Datguddiad, ceir adlais yma hefyd o un o draddodiadau'r Exodus, sef taenu gwaed oen y Pasg ar byst drysau'r Israeliaid yn yr Aifft er mwyn eu gwarchod rhag angel marwolaeth (Ex. 12: 13). Mae marwolaeth achubol Iesu yn arwydd o'r exodus newydd a brofir gan gredinwyr yn unol â'u statws fel pobl Dduw (Ex. 19: 4-6).

Dwyn ynghyd amryw o draddodiadau annibynnol a wna'r awdur yn adran agoriadol y llyfr, a gall hyn egluro paham nad oes dolen gyswllt amlwg rhwng y fawlgan (adn. 5b-6) a'r cyfeiriad at ailddyfodiad Crist (adn. 7). Cyfuniad o ddau destun ysgrythurol a oedd eisoes yn boblogaidd mewn cylchoedd Cristnogol (Dan. 7: 13 a Sech. 12: 10-12) yw'r disgrifiad o bawb yn gweld Iesu yn dod gyda'r cymylau ac o lwythau'r ddaear yn galaru. Ni chyfeiria adn. 7 yn uniongyrchol at Iesu fel 'un fel mab y dyn' (Dan. 7: 13; gweler Dat. 1: 13; 14: 14), ac, fel mewn testunau eraill yn y TN, nid ymddangos gerbron gorsedd yr Hen Ddihenydd a wna, ond dyfod o'r nefoedd i farnu ar y ddaear. Ar ben hynny, nid llwythau Israel (Sech. 12:12) yn unig fydd yn dystion i'w ailddyfodiad, ond holl lwythau'r ddynolryw. Bydd galar yn fynegiant o ofn y rhai a gaiff eu barnu (yn unol â'r disgrifiad yn 19: 11-16) ond hefyd yn arwydd o edifeirwch. Y gobaith a fynegir yn gyson yn Llyfr Datguddiad yw y bydd yr holl genhedloedd yn troi at Dduw.

Duw ei hun, nid Crist, sy'n llefaru ar ddiwedd prolog Llyfr Datguddiad (adn. 8), oherwydd bydd goruchafiaeth Iesu, y Meseia croeshoeliedig ac atgyfodedig, yn brawf o sofraniaeth Duw fel Creawdwr a Gwaredwr: *Myfi yw Alffa ac Omega.* Ddwywaith yn unig y mae Duw yn llefaru o fewn y llyfr, sef ar y dechrau (yng nghlo'r rhagarweiniad) a thua'r diwedd (pan fo'r gweledigaethau yn cyrraedd eu huchafbwynt yn 21: 5-6). Nid cyd-ddigwyddiad mo hyn, oherwydd dull cryno ac effeithiol yr awdur ydyw o gyfleu statws Duw fel y dechrau a'r diwedd, y cyntaf a'r olaf. Dyma hefyd sydd wrth wraidd y teitl *Alffa ac Omega*, a gynrychiola llythrennau cyntaf ac olaf y wyddor Roeg. Mae'n rhaid ystyried dau ffactor wrth geisio canfod cefndir priodol y teitl hwn. Yn gyntaf, nid oes amheuaeth nad yw'r pwyslais ar Dduw fel y cyntaf a'r olaf yn ddyledus i'w hunanddatganiad fel yr unig wir Dduw ym mhroffwydoliaeth yr Ail Eseia: 'Myfi yw'r cyntaf, a myfi yw'r olaf; nid oes duw ond myfi' (Es. 44: 6; cymh. 41: 4; 48: 12). Yn ail, nid yw'r ymadrodd

Alffa ac Omega yn deillio o'r traddodiad proffwydol hwn, ond o'r dull Groegaidd o drawslythrennu'r enw Yahweh fel Yâô (â = alffa; ô = omega). Golyga hyn fod llythrennau cyntaf ac olaf y wyddor Roeg ymhlyg yn enw Duw ei hun. Neges Ioan i'w ddarllenwyr – rhai oedd yn sicr yn gyfarwydd â'r arfer o bentyrru teitlau aruchel wrth gyfarch duwiau paganaidd ac ymerawdwyr Rhufeinig – yw mai Duw ei hun yw'r Hollalluog, y dechrau a'r diwedd, yr Alffa a'r Omega, swm a sylwedd pob peth.

1: 9-20 **Gweledigaeth o Grist**

Mae ail ran y bennod gyntaf yn disgrifio'r weledigaeth a dderbyniodd Ioan pan oedd yn ynys Patmos (adn. 9-16) a'r comisiwn a dderbyniodd gan y Crist nefol i ysgrifennu at y saith eglwys yn Asia (adn. 17-20). Dyma osod stamp awdurdod ar neges y gweledydd, yr hwn sydd yn cyfranogi gyda'i ddarllenwyr *o'r gorthrymder a'r frenhiniaeth a'r dyfalbarhad sydd i ni yn Iesu* (adn. 9). Er mai prin yw'r dystiolaeth fod Cristnogion wedi dioddef erledigaeth systematig a chyffredinol yn ystod cyfnod yr ymerawdwr Domitian, profodd aelodau rhai o'r eglwysi yn Asia ddigon o orthrwm i alluogi Ioan i dynnu sylw at yr hyn oedd ganddynt yn gyffredin; er gwaethaf eu hamgylchiadau anodd, gallant gael eu cysuro gan y ffaith eu bod oll yn cyfranogi o frenhiniaeth Duw a Christ ac yn arddangos y math o ddyfalbarhad a nodweddai Iesu yn ystod ei fywyd daearol.

Ni ddywed Ioan yn blaen iddo gael ei alltudio i ynys fechan Patmos gan yr awdurdodau Rhufeinig (er mai dyma a groniclir mewn traddodiadau o'r eiddo Eusebius, Tertwlian ac eraill), ac nid oes tystiolaeth fod ynys Patmos yn cael ei defnyddio fel gwladfa gosbi gan y Rhufeiniaid yn ystod y cyfnod hwn. Mae rhai esbonwyr yn awgrymu, gan hynny, fod Ioan wedi mynd i Patmos o'i wirfodd i bregethu *gair Duw a thystiolaeth Iesu* (gan gyfieithu'r arddodiad Groeg a ddefnyddir yn adn. 9 fel 'er mwyn'). Serch hynny, mae'n fwy tebygol ei fod wedi'i garcharu ar yr ynys oherwydd ei fod yn pregethu ac yn tystiolaethu (BCN: *ar gyfrif*). Cefnogir hyn gan y defnydd a wneir o'r un ymadrodd mewn cyfeiriadau at ferthyron a ddienyddwyd 'ar gyfrif tystiolaeth Iesu ac ar gyfrif gair Duw' (20: 4; cymh. 6: 9). Gall Ioan, felly, gyfeirio ato'i hun fel brawd i'w gyd-ddioddefwyr, oherwydd nid mewn man cysegredig, ond fel alltud y derbyniodd y weledigaeth ddwyfol.

Yna ceir disgrifiad o'r modd y bu i Ioan, ar ddiwrnod cyntaf yr wythnos (*ar ddydd yr Arglwydd*), brofi'r weledigaeth yn Patmos ac yntau *yn yr Ysbryd* (adn. 10). Mae nifer o gyfieithiadau, gan gynnwys y BCN, yn defnyddio priflythyren yn y fan hon i gyfieithu'r gair Groeg 'ysbryd' (*pneuma*), a ddehonglir ganddynt fel cyfeiriad at yr Ysbryd Glân. Ond mae hi'n fwy tebygol mai bwriad Ioan yw pwysleisio mai 'yn yr ysbryd', hynny yw mewn llesmair, y mae'n derbyn y weledigaeth hon (gweler 4: 2; 17: 3; 21: 10), er na chyfeiria at y math o baratoadau oedd yn arferol cyn derbyn profiad llesmeiriol, megis gweddïo (Dan. 9: 3; 10: 2-3) ac ymprydio (4 Esra 5: 20-30).

Un o nodweddion amlycaf testunau apocalyptaidd yw'r defnydd o gymariaethau i geisio egluro'r hyn na ellir mewn gwirionedd ei gloriannu mewn iaith ddaearol, sef realiti'r byd nefol. Dyma paham y dywed Ioan ei fod yn clywed llais Crist *fel sŵn utgorn* (adn. 10) yn ei annog i ysgrifennu'r hyn a wêl a'i anfon at y saith eglwys. Pan dry Ioan , yr hyn a wêl yw saith ganhwyllbren aur (adn. 12; cymh. Ex. 25: 31-40; Sech. 4: 2), a ddehonglir yn adn. 20 fel symbol o'r saith eglwys, ac un *fel mab y dyn* yn sefyll yn eu canol â saith seren, sef angylion gwarcheidiol yr eglwysi (adn. 20), yn ei law dde. Nid fel barnwr tanllyd, arallfydol, yn dyfod ar gymylau'r nef, y mae Ioan yn gweld Crist, ond fel ffigur dynol – yr un croeshoeliedig ac atgyfodedig – sydd eisoes yn sefyll yng nghanol ei bobl.

Mae'r iaith a ddefnyddir i ddisgrifio ymddangosiad Crist (adn. 13-16) yn adleisio nifer o'r testunau beiblaidd a fenthyciwyd mewn gweithiau apocalyptaidd Iddewig wrth geisio portreadu hunanddatguddiad Duw (theoffani) neu ei angel (angeloffani). Tapestri cymhleth o gyfeiriadau a geir yma lle cyflwynir Crist fel ffigur dwyfol a gogoneddus: un fel mab y dyn (Dan. 7: 13) yn meddu nodweddion a berthyn i Dduw ei hun, yr Hen Ddihenydd, gan gynnwys *gwisg yn cyrrraedd hyd ei draed* a'i wallt *yn wyn fel gwlân* (cymh. Dan. 7: 9). Ffynhonnell bwysig arall yw'r darlun o angel yr Arglwydd yn Dan. 10: 5-6: 'Codais fy ngolwg a gwelais ddyn wedi ei wisgo mewn lliain, a gwregys o aur Offir am ei ganol. Yr oedd ei gorff fel maen beryl a'i wyneb fel mellt; yr oedd ei lygaid fel ffaglau tân, ei freichiau a'i draed fel pres gloyw, a'i lais fel swn taran'. Bwriad Ioan yw deffro'r cof a'r dychymyg, a hynny'n hytrach na siarsio ei ddarllenwyr i chwilio'r Ysgrythurau am yr union gyfeiriadau perthnasol. Ni ddisgwylir iddynt ychwaith ddehongli'r hyn a ddisgrifir yn gwbl lythrennol; er datgan fod Crist yn un sydd â *chleddyf llym daufiniog* yn dod o'i enau (adn. 16), darlun delweddol ydyw o finiogrwydd ac effeithiolrwydd ei eiriau pwerus.

Am fod Ioan wedi dod wyneb yn wyneb â gogoniant nefol Iesu, ni all ond syrthio wrth ei draed fel un wedi'i barlysu gan ofn (adn. 17; cymh. Dan. 8: 17; Math. 28: 4). Gair o gysur sy'n dilyn a chyfres o ddatganiadau aruchel i gadarnhau mai Iesu yw'r ffigur dyrchafedig a wêl Ioan: *Myfi yw'r cyntaf a'r olaf, a'r Un byw; bûm farw, ac wele, yr wyf yn fyw byth bythoedd* (adn. 17-18). Darluniwyd Iesu eisoes fel ffigur dwyfol, ac yn awr mae hyd yn oed ei eiriau yn ymdebygu i ddatganiad Duw (1: 8; 21: 6); bydd Iesu, yn yr un modd â Duw, yn llefaru gyda chymorth geiriau tebyg tua diwedd y llyfr (22: 13). Trwy briodoli yr un datganiad i Dduw a Christ mae awdur Llyfr Datguddiad yn eu cysylltu â'i gilydd yn y dull agosaf posibl. Crist, y cyntaf a'r olaf, yw asiant unigryw Duw yn ei waith creadigol (3: 14) ac achubol (5: 1-14;

19: 11-16); mae'n cyfranogi o frenhiniaeth Duw (11: 15) ac yn eistedd ar ei orsedd (3: 21; 7: 17). Ef yn unig all ddatguddio'r Duw anweledig (cymh. Ioan 1: 18). A chan ei fod y tu hwnt i amser a lle, mae'r Crist croeshoeliedig ac atgyfodedig, 'yr Un byw', yn meddu awdurdod dros farwolaeth a Thrigfan y Meirw (adn. 18). Dyma fydd sail gobaith y credinwyr hynny a wyneba farwolaeth ar gyfrif eu ffydd.

Gorchymyn Crist i Ioan, ei negesydd, yw ysgrifennu'r *pethau a welaist, y pethau sydd, a'r pethau sydd i fod ar ôl hyn* (adn. 19). Ar un adeg y duedd ymhlith esbonwyr oedd deall 'y pethau a welaist' fel cyfeiriad at y weledigaeth o Grist (1: 9-20), dehongli'r 'pethau sydd' fel disgrifiad o gyflwr y saith eglwys (pen. 2-3) a'r 'pethau sydd i fod ar ôl hyn' fel cyfeiriad at ddigwyddiadau'r dyfodol a gofnodir yng ngweddill y llyfr (4: 1 - 22: 5). Ond nid y dyfodol yn unig a ddisgrifir yng nghorff Llyfr Datguddiad; mae'r gweledigaethau a wêl Ioan yn gymysg o gyfeiriadau at y gorffennol, y presennol a'r dyfodol, tra bod rhai o'r llythyrau at y saith eglwys yn delio â'r dyfodol yn ogystal â'r presennol. Symud yn ôl ac ymlaen a wna Llyfr Datguddiad yn barhaus, oherwydd ei nod yw cyfathrebu neges ddwyfol a nefol sydd heb ei chlymu i unrhyw linell amser cyson.

2: 1-7 **Y Neges i Effesus**

Cyfres o lythyrau i'r saith eglwys a welir ym mhenodau 2-3 (cymh. 1: 11), ac ymhob un ohonynt mae Crist, trwy Ioan, yn ymateb i sefyllfaoedd penodol a gyfyd yn yr eglwysi unigol, yn enwedig eu hamgylchiadau cymdeithasol, diwylliannol a chrefyddol. Golyga hyn nad yw hi'n bosibl dehongli'r saith llythyr heb ystyried cyd-destun hanesyddol darllenwyr cyntaf Llyfr Datguddiad, sef aelodau'r eglwysi yn Asia. Cipolwg a geir mewn amryw o'r llythyrau o gymunedau Cristnogol sydd mewn gwrthdaro â gwahanol grwpiau neu sefydliadau, boed yn awdurdodau Rhufeinig a'r cwlt ymerodrol, dinasyddion paganaidd a'r cysylltiad annatod rhwng eu bywyd cymdeithasol ac eilunaddoliaeth, neu aelodau o'r synagogau Iddewig lleol. Rhybuddir nifer o'r eglwysi, felly, rhag cyfaddawdu ac ymdoddi i gymdeithas a diwylliant y dinasoedd hyn; disgwylir iddynt yn hytrach fod yn deyrngar i'r un a fu'n dyst ffyddlon yn ystod ei fywyd a'i farwolaeth.

Mae'r saith llythyr yn ymdebygu i oraclau proffwydol, gan beri i rai esbonwyr awgrymu eu bod yn tarfu ar rediad Llyfr Datguddiad ac wedi cael eu hychwanegu at gorff y gwaith beth amser yn ddiweddarach. Serch hynny, mae cysylltiadau amlwg rhwng cynnwys y saith llythyr a'r gweledigaethau eu hunain, yn enwedig y weledigaeth agoriadol (1: 9-20) a'r rhai clo (pen. 19-22). Mae'n fwy tebygol, yn wir, fod y llythyrau wedi cael eu llunio yn arbennig ar gyfer eu cyd-destun presennol, a'u swyddogaeth yw cyflwyno neges ganolog Llyfr Datguddiad i'r eglwysi unigol: gall y rhai sy'n gorchfygu gyda Christ edrych y tu hwnt i'w sefyllfa bresennol (pen. 2-3) a throi eu golygon at y Jerwsalem newydd (pen. 21-22).

Cynulleidfa unigol a gyferchir ym mhob llythyr, ond y bwriad yw i bob eglwys ddarllen y saith llythyr gyda'i gilydd ar ffurf cylchlythyr ac ufuddhau i'w cynnwys (sylwer ar ddatganiad clo pob llythyr: *Yr hwn sydd ganddo glust, gwrandawed beth y mae'r Ysbryd yn ei ddweud wrth yr eglwysi*). Fe berthyn patrwm unffurf i'r saith llythyr: i) Crist yn gorchymyn Ioan i ysgrifennu at angel pob eglwys, sef eu cynrychiolydd nefol; ii) datganiad gan y Crist atgyfodedig (*Dyma y mae . . . yn ei ddweud*) a gyflwynir gyda chymorth teitlau neu ddisgrifiadau sy'n deillio o'r weledigaeth agoriadol (1: 9-20) ac, mewn sawl achos, yn adleisio amgylchiadau neu gyflwr yr eglwysi unigol; iii) dadansoddiad Crist o sefyllfa'r eglwysi gyda chymorth y ferf 'gwybod' (*gwn am . . .*); iv) gair o ganmoliaeth a/neu rybudd; v) addewid y bydd aelodau'r eglwysi (*yr hwn sy'n gorchfygu*) yn derbyn bendithion y deyrnas; vi) anogaeth i wrando ar yr hyn a ddywed yr Ysbryd wrth yr eglwysi.

O safbwynt lleoliad daearyddol yr eglwysi sydd yn cael eu rhestru, symudir o Effesus (y ddinas agosaf at ynys Patmos) tua'r gogledd i Smyrna a Pergamus ac yna'n ôl i gyfeiriad y de trwy Thyatira, Sardis, Philadelffia a Laodicea. Nid damwain mo'r ffaith mai'r eglwys yn Effesus yw'r gyntaf i gael ei chyfarch. Dyma, yn ddiamau, y ddinas bwysicaf – ond nid y brifddinas – yn Asia Leiaf, tra bod y dinasoedd eraill a enwir gan Ioan o fewn can milltir iddi. Effesus, er enghraifft, oedd un o brif ganolfannau'r cwlt ymerodrol yn Asia Leiaf, ac yr oedd yno chwech o demlau a gysegrwyd i ymerawdwyr megis Awgwstws, Domitian a Hadrian. Dyma hefyd ganolfan cwlt y dduwies ffrwythlondeb Artemis, sef Diana i'r Rhufeiniaid (Actau 19: 23-41), ac ystyriwyd ei theml yn Effesus fel un o saith rhyfeddod yr Hen Fyd. Ar ben hyn, llwyddodd Iddewiaeth (Actau 18: 26; 19: 8) a Christnogaeth i ffynnu yn Effesus. Dywed Paul ei fod wedi canfod 'drws wedi ei agor' (1 Cor. 16: 8-9) yn y ddinas hon lle treuliodd lawer o'i amser (Actau 20: 31), ac yma, yn ôl traddodiad eglwysig o'r ail ganrif, yr ymgartrefodd yr apostol Ioan yn ystod ei flynyddoedd olaf. Serch hynny, mae'r llythyr cyntaf hwn yn Llyfr Datguddiad, fel amryw o'r rhai sy'n dilyn, yn cynnig darlun arwyddocaol o'r amrywiol anawsterau a wynebai'r Cristnogion cynnar wrth iddynt geisio byw mewn dinas oedd yn nodedig am ei chrefyddau a'i diwylliant paganaidd.

Cyferchir aelodau'r eglwys yn Effesus gan yr un sy'n dal y saith seren yn ei law dde (cymh. 1: 16) *ac yn cerdded yng nghanol saith ganhwyllbren aur* (cymh. 1: 12-13, 20). O'r cychwyn cyntaf, felly, pwysleisir arglwyddiaeth a realiti presenoldeb Iesu ymhlith yr holl gynulleidfaoedd, ohewydd y maent yn atebol i'w awdurdod ac ef yw eu cynhaliwr. Fel yn achos amryw o'r llythyrau a ddilyn, dywed Crist ei fod yn gwybod am weithredoedd y credinwyr yn Effesus, oherwydd mynegiant yw eu gweithredoedd o'r ffydd a amlygir yn eu *llafur* a'u *dyfalbarhad* (adn. 2). Er na chyfeirir at erledigaeth fel y cyfryw, mae'r gair dyfalbarhad (cymh. 1: 9) yn awgrymu eu bod yn parhau i wrthsefyll y dylanwadau paganaidd sydd o'u hamgylch.

Ond cyfyd problemau hefyd rhwng gwahanol garfanau o fewn y gymuned (neu'r cymunedau) Cristnogol yn Effesus, yn enwedig ar gwestiwn awdurdod; cânt eu canmol am roi prawf ar rai *sy'n eu galw eu hunain yn apostolion*, er mai *celwyddog* ydynt mewn gwirionedd (adn. 2). Defnyddir y term 'apostol' yn y cyswllt hwn i ddynodi'r sawl a gomisiynwyd i gyflawni gwaith cenhadol, er y gall hefyd gyfeirio at ddeuddeg disgybl Iesu (21: 14). Ychydig iawn a ddywed y llythyr am y ffug apostolion, er yr ymddengys eu bod yn pregethu'r hyn a ystyria Ioan yn gau ddysgeidiaeth. Efallai eu bod yn perthyn i, neu'n coleddu'r un syniadau â'r *Nicolaiaid* (adn. 6), rhai oedd yn barod i gyfaddawdu eu daliadau Cristnogol a meithrin cysylltiadau â chrefyddau paganaidd (2: 14).

Er i Grist ganmol aelodau'r eglwys am wrthod cael eu denu gan syniadau o'r fath, cânt eu beirniadu am yr arwyddion o wrthgiliad yn eu plith, sydd yn gyfystyr â cholli eu *cariad cynnar* (adn. 4). Gelwir arnynt i edifarhau ac ymddwyn fel y gwnaethant yn y gorffennol, neu fe ddaw Crist mewn barn (cymh. 2: 16; 3: 3) a pheri iddynt golli eu statws fel cymuned Gristnogol (adn. 5). Ond nid dyma'r gair olaf. Os gwrandawant ar neges yr Ysbryd i'r holl eglwysi, a'i rhoi ar waith, bydd pob un a orchfyga ac a weithreda fel tyst ffyddlon i'r gwirionedd yn derbyn yr hawl i fwyta o bren y bywyd sydd ym Mharadwys Duw (adn. 7). Bwrw golwg yn ôl ar stori Gardd Eden (Gen. 2: 9) a wna'r awdur, gan addo y bydd bendithion megis bywyd tragwyddol, a waharddwyd ers cyfnod y creu (Gen. 3: 24), yn cael eu hadfer a'u cyflawni pan fydd y Jerwsalem newydd – a phren y bywyd – yn disgyn o'r nef (Dat. 21: 10; 22: 2).

2: 8-11 Y Neges i Smyrna

Dinas lewyrchus ar lannau'r afon Hermus oedd Smyrna, y ddinas gyntaf yn Asia Leiaf i godi temlau er anrhydedd i dduwiau Rhufain (yn 193 CC). Er mai dwywaith yn unig y cyfeirir at Smyrna yn y TN (Dat. 1: 11; 2: 8), daeth yn ganolfan Gristnogol bwysig yn ystod yr ail ganrif. Gair o gysur ac anogaeth at rai mewn gwendid sydd gan Iesu, *y cyntaf a'r olaf* (cymh. 1: 17; 22: 13), wrth iddo gyfarch eglwys Smyrna. Mae'r disgrifiad ohono fel yr *un a fu farw ac a ddaeth yn fyw* (adn. 8; cymh. 1: 17-18) yn sail i obaith y credinwyr y byddant hwythau'n derbyn bywyd tragwyddol ar ôl marwolaeth (adn. 10-11). Eu teyrngarwch i Grist a'u parodrwydd i ymwahanu oddi wrth gymdeithas baganaidd y ddinas (gan ei gwneud hi'n anodd iddynt ennill bywiolaeth) sy'n esbonio paham mae aelodau eglwys Smyrna wedi dioddef *gorthrymder* a *thlodi*. Ond gwir gyfoeth (Luc 6: 20; 2 Cor. 6: 10) yw'r bywyd a gynigir gan y Meseia croeshoeliedig ac atgyfodedig.

Gwrthwynebwyr yr eglwys yn Smyrna yw'r *rhai sy'n eu galw eu hunain yn Iddewon*, er mai *synagog Satan* a gynrychiolant mewn gwirionedd (adn. 9; 3: 9). Yr oedd cymuned gref o Iddewon yn Smyrna, fel y dengys yr amrywiol arysgrifau Iddewig a ddarganfuwyd yn y ddinas. Hyd at ddiwedd y ganrif gyntaf gallai Cristnogion o dras Iddewig fanteisio ar y ffaith nad oedd Rhufain yn gorfodi Iddewon i addoli duwiau paganaidd. Ond fe ymddengys fod rhai Iddewon wedi siarsio'r awdurdodau Rhufeinig i weithredu yn erbyn aelodau'r eglwys yn Smyrna (efallai trwy dynnu sylw at y ffaith nad y grefydd Iddewig a ddilynwyd gan Gristnogion), rhywbeth a ystyriwyd fel achos o *gabledd* gan awdur Llyfr Datguddiad. Nid ydynt, felly, yn haeddu cael eu cyfrif ymhlith pobl Israel, oherwydd yr oedd disgwyl iddynt, fel Iddewon, eu cysegru eu hunain i'r gwaith o fod yn ufudd i ewyllys Duw. Er iddynt honni eu bod yn gwasanaethu Duw, dywed Ioan mai gweision Satan ydynt mewn gwirionedd.

Y diafol sydd, yn ôl Ioan, yn gyfrifol am y dioddefaint y mae aelodau'r eglwys yn Smyrna ar fin ei brofi. O ganlyniad i'r ffaith fod rhywrai o blith yr Iddewon, a ddisgrifir fel pypedau Satan, yn creu cynnen rhwng yr awdurdodau Rhufeinig a'r Cristnogion, bydd rhai o'r credinwyr yn cael eu bwrw i garchar, lle profant orthrymder am *ddeg diwrnod* cyn iddynt sefyll eu prawf (rhif symbolaidd i ddynodi cyfnod byr ac amhenodol yw deg; Dan. 1: 12-15). Ond bydd y rhai cyfiawn sydd yn *ffyddlon hyd angau* yn derbyn *coron y bywyd* (adn. 10; cymh. 3: 11; 6: 2). Oherwydd yr arfer o gyflwyno coronbleth o ddail i'r sawl oedd yn fuddugol mewn cystadleuaeth athletaidd, daeth coron neu dorch yn symbol poblogaidd o'r fuddugoliaeth a ddeuai i ran y rhai hynny oedd yn barod i farw ar sail eu cred (2 Tim. 4: 7-8). Ni fyddant ychwaith yn cael *niwed gan yr ail farwolaeth* (adn. 11); nid dyma'r angau corfforol y mae'n rhaid i bawb ei wynebu, ond y gosb eithaf ar yr anghyfiawn adeg y Farn Olaf (20: 6, 14; 21: 8).

2: 12-17 **Y Neges i Pergamus**

Pergamus oedd prifddinas Asia Leiaf pan oedd hi'n dalaith Rufeinig. Yr oedd y ddinas yn enwog am ei llyfrgell ac, yn wir, am gynhyrchu llyfrau (daw'r gair 'parchment' o'r enw Pergamus). Nid oes rhyfedd, felly, fod Pergamus yn ganolfan grefyddol bwysig; cysegrwyd nifer o demlau i ymerawdwyr Rhufeinig mewn acropolis oedd dros wyth can troedfedd o uchder, tra adeiladwyd allor fawr ar blatfform uwchlaw'r ddinas i anrhydeddu Zeus Soter ar achysur dathlu'r fuddugoliaeth dros lwythau Celtaidd (tua 190 CC). Dyma, mae'n debyg, un o'r rhesymau paham y disgrifir Pergamus gan Ioan fel y man lle mae *gorsedd Satan* (adn. 13), oherwydd cyfeiriwyd at allorau paganaidd yn aml fel 'gorseddau' yn yr Hen Fyd. Yn ogystal â hyn, gall yr orsedd gyfeirio at frawdle barn y ddinas, oherwydd yr oedd Cristnogion yn cael eu dwyn gerbron y rhaglaw Rhufeinig ar ôl iddynt gael eu carcharu. Pa bynnag ddehongliad a dderbynnir, mae Ioan yn portreadu arferion crefyddol a diwylliannol Rhufain fel arwyddion o weithgarwch Satan. Er gwaethaf yr amgylchiadau anodd hyn yn y ddinas, caiff y credinwyr eu canmol am lynu wrth enw Crist, yn enwedig y *tyst Antipas* a fu farw ar gyfrif ei ffyddlondeb i Grist.

Er hynny, mae'r awdur yn feirniadol o sefyllfa'r eglwys yn Pergamus. Dywed, yn y lle cyntaf, fod rhywrai yn eu plith yn *glynu wrth athrawiaeth Balaam* (adn. 14). Cyfeirir at y sefyllfa yn Pergamus gyda chymorth yr hanesion am Balaam, a oedd, yn ôl traddodiadau beiblaidd ac Iddewig, wedi cynghori Balac, brenin Moab, i felltithio'r Israeliaid ac wedi gorchymyn pobl Israel i odinebu gyda merched Moab, bwyta eu haberthau ac addoli eu duwiau (Num. 24: 14; 25: 1-9; 31: 16). Daeth yr enw 'Balaam', felly, yn symbol o'r sawl oedd yn arwain pobl i gyfeiliorni a chyfaddawdu. Yn achos Pergamus, ymddengys fod y Nicolaiaid yn euog o'r fath gyhuddiadau (adn. 15). Caiff aelodau'r eglwys eu hannog gan 'ddilynwyr Balaam' i fabwysiadu arferion paganaidd y ddinas, gan gynnwys yr arfer o fwyta cig o'r aberthau a offrymwyd i eilunod yn y temlau ac a werthwyd wedyn ym marchnadoedd Pergamus (Actau 15: 20, 29; 21: 25; 1 Cor. 8). Ar ben hynny, ni ellir gwahanu'r cyhuddiad hwn oddi wrth y cyfeiriad at *odinebu* (adn. 14), oherwydd defnyddir geirfa godineb a phuteindra yn aml yn yr HD i ddynodi'r gwrthgiliad sy'n peri i Israeliaid addoli duwiau paganaidd (er enghraifft, Jer. 2: 20; Esec. 16: 15; Hos. 5: 4; 6: 10). Y pergyl a wyneba aelodau'r eglwys yn Pergamus, fel yn Thyatira (2: 20), yw y cânt eu hannog i ymddwyn fel holl drigolion eraill y ddinas.

Mae Crist, trwy Ioan, yn galw ar y credinwyr i edifarhau a gwrthsefyll y fath bobl, neu daw atynt i'w barnu *â'r cleddyf llym daufiniog* (adn. 12; cymh. 1: 16), sef geiriau hallt ei enau (adn. 16). Ond y wobr a dderbynia'r sawl sy'n ufudd i gyngor Iesu yw *cyfran o'r manna cuddiedig* (adn. 17). Dywedir bod peth o'r manna a dderbyniodd yr Israeliaid gan Dduw wedi'i osod yn arch y cyfamod (Ex. 16: 32-34), ond, yn ôl traddodiad Iddewig, fe'i cuddiwyd gan Jeremeia pan oedd cenedl Israel ar fin cael ei chaethgludo i Fabilon, a dywedodd y proffwyd: 'Anhysbys fydd y man hyd at yr amser y cynnull Duw ei bobl ynghyd a thrugarhau wrthynt; y pryd hwnnw daw'r Arglwydd â'r pethau hyn i'r golwg unwaith eto' (2 Mac. 2: 7-8). Daeth y manna cuddiedig – fel pren y bywyd a choron y bywyd – yn arwydd o fywyd tragwyddol ac o fendithion y dyfodol.

Nid yw hi mor hawdd, er hynny, canfod cefndir priodol y cyfeiriad at *garreg wen* ag arni *enw newydd na fydd neb yn ei wybod ond y sawl sydd yn ei derbyn* (adn. 17). Mae'n bosibl fod Ioan yn meddwl am y garreg a deflid i wrn gan reithwyr wrth iddynt fwrw eu pleidlais mewn achos cyfreithiol (gweler Ofydd, *Metamorphoses* 15: 41), er i draddodiad Iddewig o gyfnod diweddarach ddatgan y bydd carreg yn syrthio o'r nefoedd gyda'r manna pan ddaw'r diwedd (Talmwd Babilon, Yoma 8b). Yn ôl Ioan, rhodd gan y Crist atgyfodedig yw'r manna a'r garreg wen. A thra bod gwynder y garreg yn symbol o burdeb a buddugoliaeth (1: 14; 19: 11) a'r enw arni yn anhysbys i bawb ond y sawl a dderbynia'r garreg, mae'n gweithredu fel amwled i amddiffyn y credinwyr sy'n gorchfygu angau gyda Christ.

2: 18-29 **Y Neges i Thyatira**

Er mai Thyatira yw'r lleiaf arwyddocaol o blith y dinasoedd a enwir yn Llyfr Datguddiad, dyma'r eglwys sy'n derbyn y llythyr hwyaf gan y Crist atgyfodedig. Yr oedd masnach yn bwysig i drigolion y ddinas hon, a dywedir bod nifer o urddau crefftwyr a masnachwyr yno (o Thyatira y deuai Lydia, yn ôl Actau 16: 14). Gan ei bod hi'n arferiad i urddau o'r fath ddod ynghyd i rannu prydau bwyd, byddai Cristnogion oedd hefyd yn grefftwyr yn gorfod wynebu'r broblem a ddylent gyd-fwyta â phaganiaid, yn enwedig os oedd cig a aberthwyd i eilunod ar y fwydlen.

Mae Crist yn ei gyflwyno'i hun i aelodau'r eglwys fel *Mab Duw* (adn. 18). Dyma'r unig enghraifft o'r teitl arwyddocaol hwn yn Llyfr Datguddiad, ond mae'n bosibl mai'r hyn a ysgogodd yr awdur i gyfeirio at Iesu fel 'Mab Duw' yw'r defnydd o'r un teitl i gyfarch y brenin yn Salm 2 (adn. 7), sef y testun beiblaidd a adleisir yn ddiweddarach yn y llythyr at Gristnogion Thyatira (adn. 26-27). Cydio mewn elfennau o'r weledigaeth gyntaf a wna Ioan wrth gyfeirio at Grist fel *yr hwn sydd ganddo lygaid fel fflam dân, a'i draed fel pres gloyw* (cymh. 1: 14-15); nid oes dim yn guddiedig oddi wrtho a gall chwilio dyheadau a meddyliau dynol (2: 23; cymh. Jer. 17: 10). Caiff credinwyr Thyatira eu canmol am eu *gweithredoedd diwethaf* (adn. 19) sydd, yn wahanol i weithredoedd aelodau'r eglwys yn Effesus, yn fwy lluosog na'r rhai cyntaf, a sonnir am eu cariad, ffydd, gwasanaeth a'u dyfalbarhad.

Ond mae naws ymosodol i'r llythyr ar ôl hyn (adn. 20-23). Er na chyfeirir yn benodol at y Nicolaiaid, mae'n ymddangos mai athrawiaeth debyg a gofleidir gan y *wraig honno, Jesebel, sy'n ei galw ei hun yn broffwydes* (adn. 20). Llysenw symbolaidd yw Jesebel i ddynodi gwraig sydd, neu a fu ar un adeg, yn arweinydd amlwg yn yr eglwys, er iddi hi, yn ôl Ioan, ddysgu a thwyllo gweision Crist i *odinebu a bwyta pethau a aberthwyd i eilunod* (cymh. 2: 14). Y Jesebel wreiddiol, wrth gwrs, oedd gwraig Ahab, y brenin fu'n gyfrifol am gyflwyno cyltau estron a hyrwyddo addoliad Baal yn Israel (1 Bren. 16: 31-32), tra'i bod hithau'n cael ei chofio am ei 'phuteindra a hudoliaeth' (2 Bren. 9: 22). Mae'r gymhariaeth, felly, yn un fwriadol, oherwydd ystyrir y wraig ddylanwadol hon yn Thyatira fel un oedd yn annog Cristnogion i feithrin safonau paganaidd y ddinas a chreu sefyllfa oedd yn ymylu ar eilunaddoliaeth (gweler y sylwadau ar y defnydd o'r ferf 'godinebu' yn adn. 14). Rhoddwyd cyfle iddi hi edifarhau, ond gwrthododd (adn. 21), gan beri i'r Crist atgyfodedig ei rhybuddio y bydd yn ei bwrw i *wely cystudd* (adn. 22), gan chwarae ar y syniad o wely fel man godinebu. Rhybudd o ddioddefaint a dderbynia dilynwyr 'Jesebel' hefyd (adn. 22), er y ceir bygythiad mwy difrifol pan ddywed Crist y bydd yn lladd ei phlant hi (adn. 23). Bydd pob unigolyn, felly, yn derbyn gwobr neu gosb yn unol â'i ymddygiad.

Ceir newid cywair drachefn a gair o gymeradwyaeth i'r

gweddill yn Thyatira sydd yn gwrthod dilyn dysgeidiaeth 'Jesebel' ac *heb brofiad o'r hyn a elwir yn ddyfnderoedd Satan* (adn. 24). Er bod y rhai oedd yn barod i gofleidio arferion paganaidd Asia Leiaf yn credu eu bod yn pregethu'r dirgelwch neu'r dyfnderoedd am Dduw, Satan yw gwir awdur eu dysgeidiaeth yn ôl Ioan. Ond yn achos y sawl sy'n gorchfygu ac yn cadw gofynion Crist hyd y diwedd, bydd yn derbyn *awdurdod ar y cenhedloedd* i'w alluogi i'w *llywodraethu hwy â gwialen haearn* (adn. 26-27). Mewn geiriau eraill, trwy gyfrwng y dyfyniad llac hwn o Salm 2: 8-9 mae Crist yn addo y bydd credinwyr yn teyrnasu gydag ef yn y dyfodol (cymh. 20: 4). Arwydd o hyn fydd y rhodd a dderbyniant, sef *seren y bore* (adn. 28). Cyfeiriwyd yn aml at y blaned Fenws fel seren y bore, sef y peth disgleiriaf yn y ffurfafen ar ôl yr haul a'r lleuad a symbol o sofraniaeth a buddugoliaeth yn llenyddiaeth yr Hen Fyd. Ond ni ellir ychwaith anwybyddu arwyddocâd meseianaidd y seren mewn traddodiadau Iddewig, yn enwedig y cyfeiriad at 'y seren a ddaw allan o Jacob' (Num. 24: 17). Iesu ei hun, y Meseia, yw seren ddisglair y bore ar ddiwedd y llyfr (Dat. 22: 16). Mae'n bosibl, yn wir, fod yr awdur o fwriad wedi defnyddio darlun ag iddo arwyddocâd Iddewig yn ogystal â phaganaidd (gwneir hyn yn aml yn y llyfr), er mwyn cynnig cysur i'r Cristnogion y byddant yn cyfranogi o sofraniaeth a theyrnasiad y Meseia pan ddychwel mewn gogoniant o'r nefoedd.

3: 1-6 **Y Neges i Sardis**

Prifddinas teyrnas hynafol Lydia oedd Sardis, ac, yn ôl pob sôn, dinas lewyrchus lle'r oedd digonedd o aur yn ei hafonydd. Darganfuwyd olion synagog yno oedd yn dal tua mil o bobl, tra bod y degau o arysgrifau yn y synagog a gyfeiriai at roddion ariannol sylweddol yn dystiolaeth bod nifer o Iddewon cefnog yn Sardis. Mae Ioan, serch hynny, yn llym ei feirniadaeth o'r eglwys yn y ddinas hon; mae ganddi enw am fod *yn fyw*, er – yng ngolwg Crist – marw yw hi mewn gwirionedd (adn. 1). Er na ddatgelir unrhyw wybodaeth am union broblemau'r eglwys, gellir dyfalu ei bod hithau'n euog o gyfaddawdu â safonau paganaidd y ddinas ac yn gwrthod cynnig tystiolaeth i Grist. Felly, yn wahanol i'r llythyrau eraill, dywed Iesu wrth Gristnogion Sardis nad yw'n cael eu gweithredoedd *yn gyflawn* (adn. 2). Ond, gellir adfer y sefyllfa os cytunant i ymdrechu'n galed a chofio'r pregethu gwreiddiol a dderbyniwyd ac a glywyd ganddynt (adn. 3). Os gwrthodant, daw Iesu yn annisgwyl *fel lleidr* i farnu (cymh. Math. 24: 43; Luc 12: 39-40); mae'n rhaid iddynt ddeffro o'u trwmgwsg a gwasanaethu Crist.

Serch hynny, mae rhai credinwyr yn Sardis *nad ydynt wedi halogi eu dillad* (adn. 4), gan ymatal rhag cymryd rhan mewn defodau paganaidd ac eilunaddoliaeth. Am nad yw eu hymddygiad yn halogedig ac annheilwng, cânt rodio gyda Christ mewn dillad gwyn a phur (cymh. 6: 11; 7: 9). Sonnir yn Llyfr Daniel am y rhai cyfiawn a atgyfodir fel rhai sy'n debyg i angylion (12: 1-3), ac ymddengys fod Ioan yn rhagdybio atgyfodiad y credinwyr pan gyfeiria at eu dillad gwyn. Cynhwysir eu henwau yn *llyfr y bywyd* (adn. 5; 13: 8; 17: 8; 20: 12), sef syniad a ddeillia'n wreiddiol o Ex. 32: 32-33 lle cyfeiria Moses at lyfr a ysgrifennwyd gan Dduw oedd yn cynnwys enwau'r Israeliaid cyfiawn. Ond, yn ôl Llyfr Datguddiad, enwau dilynwyr Iesu sydd yn y llyfr cownt nefol hwn a'u gwobr fydd bywyd tragwyddol a bendithion yr oes newydd. Dyma'r rhai a gyffesa Crist gerbron Duw a'r angylion (Math. 10: 32).

3: 7-13 Y Neges i Philadelffia

Egyr y llythyr at aelodau'r eglwys yn Philadelffia â chyfarchiad gan Iesu Grist, *yr Un sanctaidd, yr Un gwir* (adn. 7; Es. 43: 15: 'Myfi, yr Arglwydd yw eich Sanct'). Ef hefyd yw'r un sy'n meddu *allwedd Dafydd,* sef adlais o adran arall yn Llyfr Eseia (22: 22) lle disgrifir Eliacim yn cael ei ddewis fel goruchwyliwr newydd y tŷ brenhinol: 'Gosodaf allwedd tŷ Dafydd ar ei ysgwydd; beth bynnag y bydd yn ei agor, ni fydd neb yn gallu ei gau, a beth bynnag y bydd yn ei gau, ni fydd neb yn gallu ei agor'. Dehonglir y geiriau hyn mewn termau meseianaidd gan Ioan; mae'r ddelwedd o agor a chau y drws yn dynodi awdurdod a gallu unigryw Iesu i reoli pwy fydd yn cael mynediad i'r deyrnas (Math. 16: 19).

Dywed Crist ei fod yn gwybod am weithredoedd aelodau'r eglwys yn Philadelffia. Ni chânt eu gwrthod o deyrnas Dduw os parhant yn deyrngar iddo, oherwydd gosodwyd o'u blaen *ddrws agored na fedr neb ei gau* (adn. 8). Er mai ychydig nerth sydd ganddynt, maent wedi gwrthod ildio i'r rhai a ddisgrifir fel aelodau o *synagog Satan* (adn. 9). Fel yn achos yr eglwys yn Smyrna (2: 9), aelodau o synagog Iddewig yn y ddinas sydd yn peri trafferth i Gristnogion Philadelffia. Ni chyfeirir at unrhyw enghreifftiau penodol o wrthdaro rhwng y naill gymuned a'r llall, ond mae'n bosibl fod rhywrai o blith yr Iddewon wedi dwyn cyhuddiadau yn erbyn y credinwyr gerbron awdurdodau Rhufeinig y ddinas. Er i'r Iddewon hyn roi'r argraff eu bod yn meddu statws ac awdurdod, troir y cyfan wyneb i waered wrth i Grist ddatgan y bydd ef yn eu gorfodi i *ddod ac ymgrymu* wrth draed y credinwyr (adn. 9). Adlais arall o destunau yn Llyfr Eseia a geir yma (45: 14; 60: 14), lle rhagfynegir y bydd plant y Cenhedloedd yn dod ac ymostwng o flaen Israel. Ond dyma enghraifft nodedig hefyd o'r modd y mae Ioan yn defnyddio eironi, gan gyflwyno'r safbwynt nefol (geiriau'r Crist atgyfodedig) yng nghyswllt gobeithion yr Iddewon; yn groes i'w disgwyliadau, bydd aelodau'r synagog yn gorfod ymgrymu gerbron y Cristnogion hyn sydd, ar y cyfan, o dras cenhedlig.

Sonnir drachefn am farnedigaeth, er y caiff credinwyr teyrngar Philadelffia eu hamddiffyn rhag y cyfnod o orthrymder a ddisgrifir fel *awr y prawf* (adn. 10). Geilw Crist arnynt i warchod eu hargyhoeddiadau, gan wrthod ildio i fygythion aelodau'r synagog, er mwyn iddynt gadw eu *coron*, sef coron y bywyd a addawyd i Gristnogion Smyrna (2: 10). Ond ar ben hyn, bydd y sawl a orchfyga yn ffurfio colofn yn nheml Duw, sydd yn gyfystyr ag addewid o sefydlogrwydd i Gristnogion Philadelffia – dinas oedd yn enwog am ei daeargrynfâu ac a ddinistriwyd yn llwyr yn 17 OC. Ar y credinwyr hyn y bydd Crist yn ysgrifennu enw Duw, enw ei ddinas, sef y Jerwsalem newydd (21: 2, 10), a'i enw newydd ei hun a ddatguddir yn y dyfodol.

3: 14-22 **Y Neges i Laodicea**

Yn y llythyr at yr eglwys yn Laodicea y ceir y cyfeiriadau mwyaf amlwg a niferus at amgylchiadau'r ddinas hon ar ddiwedd y ganrif gyntaf. O achos y rhwydwaith effeithiol o ffyrdd a amgylchynai Laodicea, yr oedd hi'n ganolfan weinyddol a masnachol o bwys, ac adlewyrchir y nodweddion hyn yng nghorff y llythyr.

Mae'n debygol mai 1: 7 yw ffynhonnell y disgrifiad agoriadol o Grist fel yr *Amen* (adn. 14), er na ddefnyddir y gair fel teitl cristolegol mewn unrhyw destun arall yn y TN (ond gweler Es. 65: 16: 'Bydd pawb ar y ddaear sy'n ceisio bendith yn ceisio'i fendith yn enw Duw gwirionedd' [llythrennol: 'Duw'r Amen']). Crist yw'r *tyst ffyddlon a gwir* (cymh. 1: 5; 2: 13) ond ef hefyd yw *dechreuad creadigaeth Duw*. Rhaid deall yr ymadrodd hwn yn nhermau Crist fel man cychwyn a tharddiad y greadigaeth, yn hytrach nag fel y bod creëdig cyntaf. Efallai nad cyd-ddigwyddiad mo'r tebygrwydd trawiadol rhwng y geiriau hyn a'r ymadrodd 'cyntafanedig yr holl greadigaeth' am Iesu Grist yn y llythyr at y Colosiaid (1: 15), a ysgrifennwyd rai degawdau cyn Llyfr Datguddiad. Dim ond deng milltir o bellter sydd rhwng dinasoedd Colosae a Laodicea, tra bod awdur Colosiaid (Paul, yn ôl amryw o esbonwyr) yn cyfeirio'n benodol at gymuned o Gristnogion yn Laodicea (2: 1; 4: 13, 15) ac yn rhoi cyfarwyddyd y dylai ei lythyrau at y Colosiaid a'r Laodiceaid gan eu darllen gan y naill eglwys a'r llall (4: 16).

Gan na cheir unrhyw air o ganmoliaeth am weithredoedd aelodau'r eglwys yn Laodicea, dyma'r llythyr mwyaf negyddol o blith y saith a anfonir at eglwysi Asia Leiaf. Beirniadu'r eglwys am ei difaterwch a phrinder ei thystiolaeth a wna Crist; nid yw hi'n *oer nac yn boeth*, ond yn *glaear* (adn. 15-16). Mae defnydd Ioan o'r ddelwedd hon yn awgrymu ei fod yn gyfarwydd â'r ffaith fod ffynhonnau o ddŵr yn rhedeg drwy'r ddinas. Yn Hierapolis, chwe milltir o Laodicea, y tarddai'r ffynhonnau, ac yno yr oeddent yn boeth ac yn enwog am eu grym iachusol. Collai'r dyfroedd hyn eu poethder wrth agosáu at Laodicea, er eu bod yn oer a phur erbyn iddynt gyrraedd Colosae. Fel ei ffynhonnau, mae Cristnogion Laodicea yn glaear. Dedfryd Crist yw y bydd yn eu poeri allan o'i enau (adn. 16); dyma ddelwedd arswydus i ddisgrifio'r ffaith eu bod yn aneffeithiol ac nad oes mo'u hangen.

Ond ar yr un pryd, condemnir aelodau eglwys Laodicea am fod yn llawn balchder a haerllugrwydd. Credant eu bod yn hunanddigonol (yr oedd cyfoeth Laodicea yn hysbys a gwrthododd awdurdodau'r ddinas dderbyn cymorth ymerodrol ar ôl iddi gael ei dinistrio gan ddaeargryn yn 60 OC), er mai gwrthrych trueni ydynt mewn gwirionedd, am eu bod, mewn ystyr ysbrydol, *yn dlawd, yn ddall, yn noeth* (adn. 17). Datblygir y thema hon yn adn. 18, oherwydd mae Crist yn cynghori'r Laodiceaid i *brynu'r* math o aur na ellir talu amdano ag arian (cymh. Es. 55: 1), oherwydd dyma fydd deunydd y Jerwsalem newydd (21: 18, 21). Wrth drigolion Laodicea, dinas oedd yn adnabyddus am ei diwydiant dillad ac am eli i iachau afiechydon llygaid, dywed Crist am iddynt brynu dillad gwyn i guddio eu noethni, ac eli i iro eu llygaid er mwyn iddynt weld eu cyflwr ysbrydol truenus.

Wrth y rhai hynny sydd yn barod i edifarhau mae Iesu yn datgan ei eiriau adnabyddus: *Wele, yr wyf yn sefyll wrth y drws ac yn curo; os clyw rhywun fy llais ac agor y drws, dof i mewn ato a swperaf gydag ef, ac yntau gyda minnau* (adn. 20). Yn ôl amryw o esbonwyr, addasiad yw'r datganiad hwn o eiriau Iesu yn ei ddameg am geidwad y drws (Marc 13: 33-37; Luc 12: 35-38), er – os dehonglir yr adnod fel cyfeiriad at ailddyfodiad Crist – y swper dan sylw yw'r wledd feseianaidd (Math. 8: 11; 22: 1-14). Mae'n fwy tebygol, fodd bynnag, mai cyfeiriad ydyw at bresenoldeb Iesu gyda chredinwyr yn y presennol yn hytrach na'r dyfodol, boed hynny pan fo'n 'curo ar ddrws' credinwyr unigol neu ar yr achlysuron hynny pan ddônt ynghyd i ddathlu Swper yr Arglwydd. Er gwaethaf y neges hallt a dderbynia'r Laodiceaid, pwysleisir ar ddiwedd y llythyr eu bod yn wrthrychau cariad Crist a'i fod yntau am swpera gyda hwy. Bydd y credinwyr sy'n gorchfygu yn eistedd gyda Christ ar ei orsedd (gan adleisio'r addewid a wnaeth i'w ddisgyblion ar achlysur y Swper Olaf, yn ôl Luc 22: 30), yn yr un modd ag y bu i Iesu, trwy ei farwolaeth a'i atgyfodiad, orchfygu ac eistedd gyda'r Tad ar ei orsedd ef (cymh. Salm 110: 1). Yn wir, brenhiniaeth Crist gyda'r 'hwn sydd yn eistedd ar yr orsedd' fydd canolbwynt y weledigaeth a ddisgrifir yn y ddwy bennod sy'n dilyn.

4: 1-11 **Addoliad y Nef**

Ar ddechrau'r bedwaredd bennod mae'r olygfa yn symud o'r ddaear i'r nefoedd. Ar ôl y weledigaeth o Grist yn ynys Patmos, a'r comisiwn i ysgrifennu at y saith eglwys, mae Ioan yn cael ei siarsio i esgyn i'r nefoedd. Yno gwêl amrywiol gymeriadau a dodrefn yr ystorfa nefol, yn ogystal â'r digwyddiadau oddi uchod fydd yn ei alluogi i wir amgyffred yr hyn a ddigwydd ar y ddaear. Y dirgelwch cyntaf a ddatguddir i Ioan, gan hynny, yw gorseddle Duw ei hun, sef canolbwynt y byd nefol (4: 1 - 5: 14). Nid paratoad ar gyfer y weledigaeth o'r saith sêl yn unig mo'r olygfa hon, ond cyflwyniad i'r holl gyfres o weledigaethau a groniclir yng nghorff y llyfr (6: 1 - 22: 9). Awdur ac angor y cyfan a ddatgelir yw Duw ei hun, yr hwn sydd yn eistedd ar yr orsedd.

Man cychwyn y weledigaeth hon a dderbynia Ioan yw'r *drws wedi ei agor yn y nef* (adn. 1). Yn yr un modd ag y rhagdybir, wrth sôn am allweddau Marwolaeth a Thrigfan y Meirw (1: 18), fod drws yn arwain i'r isfyd, portreadir y fynedfa i'r byd nefol fel drws agored, motiff a ddefnyddir yn gyson wrth gyflwyno datguddiad mewn testunau apocalyptaidd (1 Enoch 14: 14-15: 'Derbyniais weledigaeth, ac wele ddrws arall yn agored o'm blaen'). Ond yn ogystal â rhoi pwyslais ar yr hyn a welir, dywed Ioan iddo gael ei gyfarch gan y *llais a glywswn gyntaf yn llefaru wrthyf fel sŵn utgorn*, sef llais y Crist nefol a dyrchafedig (cymh. 1: 10-12). Ef sydd yn annog y gweledydd i fentro drwy'r drws a gweld *y pethau y mae'n rhaid iddynt ddigwydd ar ôl hyn* (adn. 1). Ni olyga hyn fod y cyfan a wêl Ioan ar ôl cyrraedd y nefoedd yn ymwneud â'r dyfodol, oherwydd tapestri cymhleth o'r hyn a berthyn i'r gorffennol, presennol a'r dyfodol a gyflwynir, a'r cyfan – o bersbectif nefol – wedi ei gydblethu i'w gilydd.

Esgyn i'r nefoedd mewn llesmair a wna Ioan (adn. 2; gweler y sylwadau ar y defnydd o'r ymadrodd *yn yr Ysbryd* yn 1: 10), profiad a ddaw i ran ffigurau adnabyddus megis Adda, Abraham, Enoch a Baruch, yn ôl rhai testunau apocalyptaidd, a hyd yn oed Paul, yn ôl ei dystiolaeth ei hun (2 Cor. 12: 1-10). Y peth cyntaf a wêl Ioan yw'r orseddfan nefol a Duw yn eistedd ar ei orsedd ysblennydd (adn. 2). Yn wir, fel y tystia llenyddiaeth y Groegiaid am eu duw Zeus, y Rhufeiniaid am Jupiter, a'r Israeliaid am Yahweh, darlun sydd yma o Dduw wedi'i orseddu fel brenin gogoneddus yn y llys nefol, gyda phob math o fodau goruwchnaturiol (angylion, seraffiaid a cherwbiaid) yn ei wasanaethu. Mae Ioan yn bennaf ddyledus i glwstwr o draddodiadau beiblaidd ac Iddewig lle mae'r gweledydd yn derbyn datguddiad o Dduw ar ei orsedd, yn enwedig Eseciel (1: 1-28), a wêl yr orsedd ar ffurf cerbyd ag olwynion (Hebraeg:

merkābâh), ac Eseia (6: 1-5), sy'n gweld Duw 'yn eistedd ar orsedd uchel, ddyrchafedig' (adn. 1). Dyma'r ddau destun a fu'n sail, yn ogystal, i'r gweledigaethau o Dduw a ddisgrifir mewn testunau apocalyptaidd Iddewig o'r ddwy ganrif gyntaf OC.

Tra bod Eseciel yn disgrifio Duw fel 'ffurf oedd yn debyg i ddyn . . . yn debyg i dân gyda disgleirdeb o'i amgylch (Esec. 1: 26-27), ac Eseia yn sôn am 'odre'i wisg yn llenwi'r deml' (Es. 1: 1), y cyfan a ddywed awdur Llyfr Datguddiad am ymddangosiad Duw yw ei fod *yn debyg ei olwg i faen iasbis a sardion* (adn. 3). Trwy ddatgan mai ymdebygu i emau gwerthfawr – a dim mwy na hynny – a wna Duw, llwyddir i sicrhau na phriodolir unrhyw nodweddion dynol iddo, yn ogystal â phwysleisio ei bod hi mewn gwirionedd yn amhosibl i fodau dynol weld Duw. Arwydd pellach o bwyslais Ioan ar drosgynoldeb Duw yw na chyfeirir ato gyda chymorth unrhyw enw ym mhenodau 4-5. Yn hytrach, yr ymadrodd a ddefnyddir amdano dro ar ôl tro yw *yr hwn sy'n eistedd ar yr orsedd* (cymh. 4: 9, 10; 5: 1, 7, 13; 6: 16; 7: 15; 19: 4; 21: 5). Mae'r awdur hwn, fel awdur Efengyl Ioan (1: 18; 6: 46), yn awyddus i bwysleisio na all unrhyw feidrolyn weld Duw mewn modd cyflawn a chlir, tra mai symbol pwerus o sofraniaeth Duw yw'r darlun cyson ohono fel ffigur wedi'i orseddu mewn gogoniant.

Ni ellir llai na dychmygu fod Ioan, yn y cyswllt hwn, yn awyddus i wrthgyferbynnu realiti'r byd nefol gydag amgylchiadau'r byd daearol, yn enwedig o gofio mai'r hyn a wynebai aelodau eglwysi Asia yn ddyddiol oedd delweddau o dduwiau ac ymerawdwyr yn eistedd ar orseddau, boed mewn temlau neu ar gerfluniau a cheiniogau. Gair o gysur sydd gan yr awdur i'w ddarllenwyr, oherwydd dros dro yn unig y bydd yr 'arglwyddi' hyn yn meddu awdurdod ar y ddaear. Neges ganolog y bedwaredd bennod, felly, yw bod Ioan wedi llwyddo i weld yr hyn sydd y tu ôl i ddrws y nefoedd, sef Duw – ac ef yn unig – yn eistedd ar yr orsedd, a holl drigolion y nefoedd eisoes yn cydnabod ei sofraniaeth (4: 8-11). Y gobaith a fynegir yn y llyfr yw y daw amser pan fydd holl drigolion y ddaear yn addoli Duw fel Arglwydd hollalluog.

Duw yw canolbwynt yr orseddle, yn wir y cosmos gyfan, ac o'i amgylch ar ffurf llinellau consentrig mae pedwar henuriad ar hugain (4: 4, 10) a phedwar creadur byw (4: 6-9). Mae'r disgrifiad o'r henuriaid yn eistedd ar orseddau, wedi'u gwisgo mewn dillad gwyn a choronau aur, yn cadarnau eu bod yn ffigurau o bwys yn y weledigaeth hon. Ond gan na chyfeiria unrhyw destun apocalyptaidd arall at henuriaid yn eistedd yn yr orseddfan nefol, bu cryn ddyfalu ymhlith esbonwyr ynghylch eu harwyddocâd yn Llyfr Datguddiad. Mae'n bosibl mai cynrychiolwyr nefol yr offeiriadaeth yw'r pedwar henuriad ar hugain, oherwydd dyma rif y dosbarthiadau offeiriadol a restrir yn 1 Cronicl (23: 6; 24: 7-18), gyda phob dosbarthiad yn gwasanaethu yn y Deml am wythnos (o saboth i saboth) ddwywaith yn ystod y flwyddyn. Gall yr henuriaid gynrychioli urdd o angylion yn y llys nefol (cymh. Es. 24: 23), neu hyd yn oed credinwyr a ferthyrwyd ar gyfrif eu ffydd, rhai a ddyrchafwyd i fod yn offeiriad i Dduw (1: 6; 5: 10; 20: 6), a'u statws gogoneddus yn rhagflas o fuddugoliaeth derfynol y rhai cyfiawn ar y ddaear (20: 4). Ar ddiwedd y llyfr cyfeirir at bedwar ffigur ar hugain a saif fel symbolau nefol o Israel a'r Eglwys, oherwydd bydd enwau deuddeg llwyth meibion Israel wedi'u naddu ar byrth y Jerwsalem newydd ac enwau'r deuddeg apostol ar ei cherrig sylfaen (21:12-14). Y gwir amdani yw ei bod hi'n bosibl egluro arwyddocâd yr henuriaid mewn amryw o ffyrdd. Dyma enghraifft nodedig o gyfoeth, ond hefyd amwyster rhyfeddol, y delweddu a gyflwynir yn Llyfr Datguddiad.

Nid oes amheuaeth nad presenoldeb Duw a gynrychiolir gan y *fflachiadau mellt a sŵn taranau* (adn. 5), oherwydd mewn mellt a tharanau y datguddiodd Duw ei hun i Israel ar Fynydd Sinai (Ex. 19: 16-19; 20: 18-20). Ond o flaen yr orsedd mae *môr megis o wydr, tebyg i risial* (adn. 6), sydd unwaith eto yn adlais o'r theoffani ar Sinai, lle dywedir bod 'rhywbeth tebyg i balmant o faen saffir' o dan draed Duw (Ex. 24: 10), yn ogystal â gweledigaeth Eseciel o'r 'math ar ffurfafen, yn debyg i belydrau grisial' uwchben y pedwar creadur sy'n cynnal yr orsedd ddwyfol (Esec. 1: 22). Cyflwyno darlun o'r orsedd (a'r entrychion) fel y'i gwelir oddi isod a wna Eseciel, ond disgrifio'r olygfa nefol ac yntau'n sefyll yn yr orseddle a wna Ioan. Yr hyn a wêl yw gorsedd Duw wedi'i lleoli uwchben y ffurfaen ddyfrllyd honno a wahana'r nefoedd oddi wrth y ddaear, yn unol â gorchymyn Duw'r Creawdwr (Gen. 1: 6-8).

Arwydd pellach o ddylanwad proffwydoliaeth Eseciel ar weledigaeth Ioan o'r orseddle nefol yw'r disgrifiad o *bedwar creadur byw a saif yng nghanol yr orsedd ac o'i hamgylch* (adn. 6-9). Dyma'r pedwar creadur sydd, yn ôl Eseciel, yn cynnal gorsedd symudol Duw (Esec. 1: 5-25) ac a ddisgrifir yn ddiweddarach fel cerwbiaid (10: 20). Nid yw Ioan, fodd bynnag, yn gaeth i'r portread proffwydol o'r creaduriaid hyn, oherwydd addasiad o'u prif nodweddion a gynigir ganddo. Olwynion y cerbyd-orsedd sy'n meddu llygaid yng ngweledigaeth Eseciel (1: 18), ond y pedwar creadur a wêl Ioan *yn llawn o lygaid o'r tu blaen a'r tu ôl* (adn. 6). Pedair adain a phedwar wyneb sydd i bob creadur yn ôl Eseciel (1: 10: wyneb dyn a wyneb llew ar yr ochr dde, wyneb ych ac wyneb eryr ar yr ochr chwith), tra mai *chwech adain yr un* sydd gan y pedwar creadur a wêl Ioan (adn. 8; cymh. Es. 6: 2) ac a ddisgrifir fel a ganlyn: *yr oedd y creadur cyntaf yn debyg i lew, a'r ail i lo; yr oedd gan y trydydd wyneb fel dyn, ac yr oedd y pedwerydd yn debyg i eryr yn hedfan* (adn. 7). Yn ddiamau, symbol yw'r pedwar creadur o'r greadigaeth gyfan, fel y tystia'r esboniadaeth Iddewig ganlynol ar weledigaeth Eseciel: 'Dyrchafedig yw dyn o blith y bodau creëdig, yr eryr o blith yr adar, yr ych o blith anifeiliaid dof, y llew o blith anifeiliad gwyllt; y maent oll i lywodraethu . . . ac eto maent wedi'u gosod islaw cerbyd yr Un Sanctaidd' (Exodus Rabbah 23).

Pwysleisir mai pennaf swyddogaeth y pedwar creadur yw talu gwrogaeth i Dduw, a gwneir hynny gyda chymorth geiriau sydd yn addasiad o gân y seraffiaid ar achlysur galwad Eseia: *Sanct, Sanct, Sanct yw'r Arglwydd Dduw hollalluog* (adn. 8; Es. 6: 3: 'Sanct, Sanct, Sanct yw Arglwydd y Lluoedd; y mae'r holl ddaear yn llawn o'i ogoniant'). Emyn a lafarganwyd yng nghyd-destun litwrgi'r Deml yw'r geiriau hyn, rhai a adwaenir fel y *qedûshâh* mewn addoliad Iddewig. Y term Groegaidd arferol amdanynt yw'r *Trisagion*, oherwydd mae'r defnydd triphlyg o'r gair 'Sanct' yn fynegiant o drosgynoldeb Duw ac yn gyflwyniad pwrpasol i'r enw dwyfol, a gynrychiolir unwaith eto gan y teitl triphlyg *yr hwn oedd a'r hwn sydd a'r hwn sydd i ddod* (gweler y sylwadau ar 1: 4). Modelu'r litwrgi nefol ar addoliad Iddewig (a Christnogol) a wna Ioan, gan nodi'r hyn a glywir yn ogystal â'r hyn a welir ganddo er mwyn tynnu sylw drachefn at sofraniaeth Duw.

Pan fydd y creaduriaid byw *yn rhoi gogoniant ac anrhydedd a diolch* i'r Duw tragwyddol, bydd yr henuriaid yn ymuno yn y litwrgi nefol ac yn addoli Duw gan ymgrymu o'i flaen (adn. 9-10; cymh. 5: 14; 11: 16; 19: 4). Talu gwrogaeth i Dduw a wna'r henuriaid wrth *fwrw eu coronau gerbron yr orsedd*, sef gweithred a ddisgrifir gan Tacitus, yr hanesydd Rhufeinig, fel mynegiant o ddarostyngiad y rhai a orchfygwyd i'r ymerawdwyr Rhufeinig (gweler *Annales*, 15: 29). Neges ddiysgog yr olygfa nefol hon, felly, yw bod Duw yn gwbl ddigymar; ef yn unig sy'n deilwng i gael ei gyfarch fel *ein Harglwydd a'n Duw* (adn. 11), er gwaethaf gorchymyn yr ymerawdwr Domitian mai â'r teitlau hyn yr oedd ei ddeiliaid i'w gyfarch (gweler *Suetonius*, Domitian, 13).

Yn yr un modd ag y cyhoedda emyn y trigolion nefol mai Duw yn unig sy'n deilwng i *dderbyn y gogoniant a'r anrhydedd a'r gallu*, anogir darllenwyr y llyfr hwn i gydnabod mai'r hwn sy'n eistedd ar yr orsedd yw'r unig wir Arglwydd a Duw, am mai ef yw Creawdwr pob peth (adn. 11; cymh. 10: 6; 14: 7). Dyma'r prawf eithaf o'i arglwyddiaeth; ef yw'r Alffa, yr un a greodd y cyfan o'r cychwyn cyntaf, ac ef yw'r Omega, yr un a adnewydda'r greadigaeth ar y diwedd, gan gyhoeddi: 'Wele, yr wyf yn gwneud pob peth yn newydd' (21: 5). Dyma'r gwirionedd a gydnabyddir eisoes gan drigolion y nefoedd, ac a fydd, yn ôl Ioan, yn hysbys drwy'r ddaear ar ddiwedd y drefn bresennol.

5: 1-14 **Y Sgrôl a'r Oen**

Parhau i ddisgrifio ei weledigaeth o'r orseddfan nefol a wna Ioan yn y bumed bennod, ond, gydag ymddangosiad yr Oen, mae'r olygfa yn ehangu a'r trigolion nefol yn lluosogi. Tra mai pwysleisio sofraniaeth 'yr hwn sydd ar yr orsedd' a wna'r bedwaredd bennod, amcan Ioan yn awr yw esbonio paham mae'r Oen yn deilwng i gyfranogi o ogoniant Duw. Yn wir, yn y bennod hon y ceir y portread mwyaf nodedig yn Llyfr Datguddiad o natur y berthynas rhwng Duw a Christ. Awgrymwyd eisoes yn y llyfr fod y Crist dyrchafedig yn meddu teitlau a nodweddion a briodolir, fel arall, i Dduw yn unig (1: 17-18; 2: 7-8, 17; 3: 5, 7). Â Ioan gam ymhellach yn awr, gan gyflwyno Crist fel ffigur dwyfol sydd yn wrthrych addoliad y trigolion nefol; bydd pawb a phopeth yn addoli Duw a'r Oen (5: 13-14). Dyma, yn ddiamau, un o destunau cristolegol mwyaf aruchel y TN, oherwydd mae Ioan yn cysylltu Crist â Duw yn y dull agosaf posibl. Bron na ellir dweud mai dramateiddiad nefol yw'r bennod hon o eiriau'r emyn adnabyddus a ddyfynnir gan Paul yn ei lythyr at y Philipiaid: 'Am hynny, tra-dyrchafodd Duw ef, a rhoi iddo'r enw sydd goruwch pob enw, fel wrth enw Iesu y plygai pob glin yn y nef ac ar y ddaear a than y ddaear, ac y cyffesai pob tafod fod Iesu Grist yn Arglwydd, er gogoniant Duw Dad' (2: 9-11).

Man cychwyn y bumed bennod yw'r hyn a wêl Ioan yn llaw dde Duw, sef *sgrôl a'i hysgrifen ar yr wyneb ac ar y cefn, wedi ei selio â saith sêl* (adn. 1). Mae'r disgrifiad hwn o'r sgrôl yn anghyffredin a dweud y lleiaf, er y darganfuwyd sgroliau ag ysgrifen ar ddwy ochr y papurfrwyn neu'r memrwn ymhlith Sgroliau'r Môr Marw (ar ddiwedd y ganrif gyntaf OC y dechreuwyd defnyddio llyfrau neu godecsau â thudalennau ynddynt). Adlais arall o broffwydoliaeth Eseciel a geir yma yn ôl pob tebyg, oherwydd sgrôl ag 'ysgrifen ar ei hwyneb a'i chefn' a lyncir gan y proffwyd, ac 'yn ysgrifenedig arni yr oedd galarnadau, cwynfan a gwae' (Esec. 2: 9-10). Yn Llyfr Datguddiad yn ogystal, mae trychinebau ymhlith y digwyddiadau a ddatgelir ar ôl torri sêl gyntaf y sgrôl (6: 1), ond symbol yw'r sgrôl a'i chynnwys mewn gwirionedd o gynllun terfynol Duw er mwyn achub ac adnewyddu'r byd; dyma'r cynllun dirgel a ddadorchuddir trwy gyfrwng yr amrywiol weledigaethau a groniclir yng ngweddill y llyfr.

Ni ellir datgelu'r dirgelion nefol gan neb ond yr hwn sydd ag awdurdod, yng ngeiriau'r angel nerthol, i *agor y sgrôl ac i ddatod ei seliau* (adn. 2). Dim ond un ffigur o blith trigolion y nef, y ddaear a than y ddaear all gyflawni'r gorchwyl hwn, sef yr un a ddisgrifir gan un o'r henuriaid nefol fel *y Llew o lwyth Jwda, Gwreiddyn Dafydd* (adn. 5). Mae'r teitl cyntaf yn deillio o'r cyfeiriad at Jwda, un o feibion Jacob, fel y 'cenau llew . . . ni fydd y deyrnwialen yn ymadael' ag ef (Gen. 49: 9-10), testun a ddehonglwyd mewn termau meseianaidd erbyn y ganrif gyntaf OC, fel y dengys y geiriau canlynol am Jwda: 'Dyma Wreiddyn y Duw Goruchaf, ffynnon fywiol y ddynolryw, yr hwn fydd yn goleuo teyrnwialen fy nheyrnas' (Testament Jwda 24: 5). Mae'r testun hwn yn cadarnhau hefyd mai teitl a briodolwyd i'r Meseia yw *Gwreiddyn Dafydd* (gweler Es. 11: 1, 10: 'Ac yn y dydd hwnnw bydd gwreiddyn Jesse yn sefyll fel baner i'r bobloedd; bydd y cenhedloedd yn ymofyn ag ef, a bydd ei drigfan yn ogoneddus'). Yn y naill achos a'r llall, defnyddir teitlau oedd yn boblogaidd ymhlith Iddewon i ddynodi'r Meseia o linach Dafydd, sef yr un a eneinir gan Dduw fel brenin ac fel arweinydd milwrol er mwyn gorchfygu arweinwyr y Cenedl-ddynion (yn enwedig y Rhufeiniaid), rhyddhau pobl Israel a sefydlu brenhiniaeth Duw. Ef yn unig sydd yn deilwng i agor y sgrôl, a hynny am ei fod eisoes *wedi gorchfygu* (adn. 5).

Ond yr hyn a wêl Ioan yn sefyll yn yr orseddle nefol yw *Oen fel un wedi ei ladd* (adn. 6), yn hytrach na'r ffigur pwerus, militaraidd a ddisgwylid yn ôl disgrifiad yr henuriad ohono. Ni cheir yma unrhyw olion o'r disgrifiad gogoneddus o Grist a geir ar ddechrau'r llyfr (1: 12-20), a thrawsffurfir y teitlau meseianaidd a gyflwynwyd yn yr adnod flaenorol er mwyn pwysleisio mai'r Crist croeshoeliedig yw'r Meseia. Yn ddiamau, Iesu Grist yw'r un sydd wedi gorchfygu, ond trwy ei farwolaeth achubol a'i atgyfodiad yn hytrach nag ar sail ymgyrch filwrol y sicrhawyd buddugoliaeth. Mae'r frwydr dyngedfennol eisoes wedi ei hennill (3: 21: *gorchfygais;* 5: 5: *wedi gorchfygu*), ond gwelir y fuddugoliaeth derfynol ar achlysur ailddyfodiad Crist (17: 14).

Mae'r darlun hwn o oruchafiaeth yr Oen sydd ag olion dioddefaint ar ei gorff yn enghraifft arall o'r modd y mae'r weledigaeth nefol a dderbynia Ioan yn troi'r persbectif daearol ar farwolaeth Iesu wyneb i waered. Mae Llyfr Datguddiad, fel amryw o destunau eraill yn y TN, yn ymateb i'r cyhuddiad fod Iesu, y Meseia croeshoeliedig, wedi derbyn y gosb Rufeinig a weinyddwyd i droseddwyr cyffredin, a'i fod, yng ngolwg y Gyfraith Iddewig (Deut. 21: 23), yn felltigedig am iddo gael ei 'grogi ar bren' (Gal. 3: 13). Sut y gallai Cristnogion addoli'r fath ffigur truenus fel eu gwaredwr? Dull Paul o ddelio â'r cwestiwn anodd hwn oedd datgan fod croeshoeliad Iesu, a oedd yn dramgwydd i'r Iddewon ac yn ffolineb i'r Cenhedloedd, yn amlygiad o allu a doethineb Duw (1 Cor. 1: 23-24). Yn yr un modd, gweithred fuddugoliaethus (Llyfr Datguddiad) neu'r datguddiad eithaf o ogoniant Duw (Efengyl Ioan) yw marwolaeth Iesu ar y groes; trwy ei hunanddarostyngiad mae'n cyfryngu bywyd ac y pontio'r bwlch rhwng y nefoedd a'r ddaear. Yn y modd hwn y mae Crist yn amlygu ei rym a'i awdurdod, ac a gynrychiolir yn y weledigaeth gan ei *saith o gyrn a saith o lygaid* (adn. 6). Ef yn unig, felly, sydd yn deilwng i agor y sgrôl a'i seliau a rhoi cynllun achubol Duw ar waith.

Y dehongliad nodedig hwn o fywyd a marwolaeth Iesu a eglura ei bresenoldeb fel 'Oen' (Groeg: *arnion*) yn yr orseddle nefol, gan gyflwyno am y tro cyntaf y ddelwedd gristolegol amlycaf yn Llyfr Datguddiad (ymddengys 28 o weithiau fel teitl am Grist). Gellir nodi amryw o ffactorau a awgryma fod Ioan yn meddwl am y Crist croeshoeliedig fel yr oen aberthol. Yn ogystal â'r ffaith fod geiriad Groeg y disgrifiad o'r Oen *fel un wedi ei ladd* (adn. 6: *esphagmenon*) yn fynegiant o'r dull arferol o ladd anifail a offrymir fel aberth, mae amryw o destunau eraill yn pwysleisio arwyddocâd aberthol Crist fel 'yr oen' (Actau 8: 32; 1 Cor. 5: 7; 1 Pedr 1: 18-19), yn enwedig y geiriau a briodolir i Ioan Fedyddiwr pan wêl Iesu yn cerdded tuag ato: 'Dyma Oen Duw, sy'n cymryd ymaith bechod y byd' (Ioan 1: 29, 36). Caiff Iesu ei bortreadu fel oen y Pasg, gan barhau delwedd yr exodus newydd yn Llyfr Datguddiad (gweler 1: 5; 5: 9-10), yn ogystal ag adleisio'r darlun o'r Gwas Dioddefus fel yr oen aberthol (Es. 53: 7: 'arweiniwyd ef fel oen i'r lladdfa') a offrymir 'yn aberth dros bechod' (53: 10).

Ond Crist atgyfodedig yw'r un a groeshoeliwyd ac a sicrhaodd yr oruchafiaeth newydd, sydd yn esbonio paham mae Ioan yn gweld yr Oen *yn sefyll* (adn. 6), yn llawn bywyd newydd a gogoniant nefol. Mae'n llai eglur, fodd bynnag, ym mha le yn union y saif yr Oen. Un cyfieithiad posibl o'r ymadrodd Groeg a ddefnyddir yma yw bod Crist rhwng yr orsedd a'r pedwar henuriad a'r hugain (BCN: *yn y canol*), er i amryw o esbonwyr ffafrio'r cyfieithiad mai 'yng nghanol yr orsedd', sef ar orsedd Duw, y saif yr Oen (cymh. NEB). Ar y cyfan, mae'r dystiolaeth o blaid yr ail gyfieithiad yn fwy argyhoeddiadol. Delwedd gyffredin mewn llenyddiaeth apocalyptaidd Iddewig (yn enwedig 1 Enoch 37-71) yw'r disgrifiad o ddyrchafiad Mab y Dyn wrth iddo gymryd ei le ar orsedd Duw, tra mai darlun tebyg a gyflwynir yn Efengyl Ioan os dehonglir y cyfeiriad at Iesu fel 'yr hwn sydd ym mynwes y Tad' (1: 18) yn nhermau ei berthynas unigryw â Duw ar yr orsedd nefol. Cefnogir hyn ymhellach gan adrannau eraill yn Llyfr Datguddiad, yn enwedig pan ddywed Crist, 'eisteddais gyda'm Tad ar ei orsedd ef' (3: 21), a'r cyfeiriad at 'yr Oen sydd yng nghanol yr Orsedd' (7: 17; cymh. 22: 1, 3: 'gorsedd [unigol] Duw a'r Oen'). Golyga hyn fod dyrchafiad nefol yr Oen yn gyfystyr â rhoi iddo'r hawl i rannu'r orsedd gyda Duw; nid yn unig y mae Crist, trwy gyfrwng ei farwolaeth achubol, yn deilwng i agor y sgrôl, ond gall gyfranogi o sofraniaeth Duw a dod yn wrthrych addoliad (adn. 8-14).

Fe gymer yr Oen y sgrôl o law dde Duw, gan beri i'r pedwar creadur byw a'r henuriaid syrthio yn ddisymwth o flaen yr Oen er mwyn ei addoli (adn. 8). Ceir olion o gyd-destun cwltig yr olygfa yng nghyfeiriadau Ioan at delynau'r trigolion nefol, sef offeryn a ddefnyddiwyd fel cyfeiliant i ganeuon o fawl (megis salmau), tra bod eu ffiolau aur, llawn arogldarth, yn adlais o ddefodau'r offeriaid yn y deml. Cân o fawl a genir gerbron yr Oen yn y litwrgi nefol (adn. 9-10), a honno'n *gân newydd* am iddi glodfori'r fuddugoliaeth achubol newydd a sicrhawyd gan Grist.

Mewn ateb, felly, i gwestiwn yr angel (adn. 2), ceir dathliad agored o'r ffaith fod yr Oen yn deilwng i gymryd y sgrôl ac i agor ei seliau *oherwydd ti a laddwyd ac a brynaist i Dduw â'th waed ddynion o bob llwyth ac iaith a phobl a chenedl* (adn. 9). Delwedd yr exodus newydd a geir yma drachefn (cymh. 1: 5); mae Crist, trwy dywalltiad ei waed, wedi prynu rhyddid nid i Israel yn unig, ond i bobl o blith yr holl genhedloedd. Maent bellach yn meddu statws newydd, *yn urdd frenhinol ac yn offeiriaid* i Dduw (adn. 10; gweler y sylwadau ar 1: 6). Bydd aelodau'r gymuned Gristnogol yn cynnwys pobl o bob cenedl (5: 9; 7: 9) er mwyn iddynt fod yn dystion gerbron yr holl genhedloedd; byddant yn teyrnasu ar y ddaear am fil o flynyddoedd gyda Christ (20: 4, 6; 22: 5).

Ceir rhagflas o'r ymlediad hwn, ac o fuddugoliaeth Crist

drwy'r holl fyd, yn y modd y mae cylch addolwyr yr Oen yn raddol ehangu yng ngweddill y bumed bennod. Wedi emyn y pedwar creadur a'r henuriaid, ymuna *myrdd myrddiynau a miloedd ar filoedd* o angylion (adn. 11-12; Dan. 7: 10) ac yna'r holl greadigaeth (adn. 13) yn yr addoliad. Ymdebygu i'r emyn o fawl i Dduw (4: 11) a wna cân yr angylion niferus, oherwydd rhagorfreintiau Duw ei hun – ac ef yn unig – yw'r saith a briodolir yn awr i'r Oen ar sail ei farwolaeth achubol: *gallu, cyfoeth, doethineb a nerth, anrhydedd, gogoniant a mawl* (adn. 12). Mae'r Oen bellach yn cyfranogi o statws ac awdurdod Duw, sydd yn esbonio paham mae'r emyn a genir gan y cosmos gyfan (cymh. Phil. 2: 10-11) yn cyfarch ac yn clodfori Duw a'r Oen gyda'i gilydd (adn. 13).

Nid gwrthrych addoliad annibynnol (math o ail dduw) mo'r Oen, ond yr hwn sy'n deilwng i dderbyn anrhydedd gyda Duw. Pan gyfeirir, fodd bynnag, at yr holl greadigaeth yn rhoi'r *mawl a'r anrhydedd a'r gogoniant a'r nerth* i Dduw a'r Oen, sôn y mae Ioan am fawl ac addoliad a berthyn mewn gwirionedd i'r dyfodol; rhagflas yw'r fawlgan o'r gogoniant hwnnw – gogoniant Duw a'r Oen – a amlygir pan fydd y Jerwsalem newydd yn disgyn o'r nefoedd. Ni olyga hyn fod gweledigaeth Ioan o orseddfan Duw yn cynnwys elfennau na ellir eu cysoni â'i gilydd. Yn hytrach, ymdoddi i'w gilydd megis caleidosgop a wna'r gorffennol, y presennol a'r dyfodol yn yr olygfa nefol hon: derbyn mawl yn y presennol a'r dyfodol a wna'r Oen sydd wedi gorchfygu yn y gorffennol, gan ei alluogi i eistedd ar yr orsedd gyda'r Duw Hollalluog, 'yr hwn oedd a'r hwn sydd a'r hwn sydd i ddod'.

6: 1-17 **Y Seliau**

Canolbwyntio ar y gorthrymderau a'r trallodion arswydus a ddisgwylir cyn ailddyfodiad terfynol Crist (y *parousia*) a wna mwyafrif y gweledigaethau a dderbynia Ioan ar ôl iddo gael mynediad i'r orseddle nefol (6: 1 - 19: 10). Dyma, ar un olwg, yr oedd darllenwyr cyntaf Llyfr Datguddiad yn ei ddisgwyl, yn enwedig ar ôl iddynt glywed am yr Oen yn agor sgrôl a ymdebygai i'r un a fwytaodd Eseciel ac arni 'alarnadau, cwynfan a gwae' (Esec. 2: 9-10). Yr oedd gosod pwyslais ar y gwaeau niferus a ragflaenai ddiwedd yr oes bresennol ('dechrau'r gwewyr') yn rhan annatod o'r dyfalu a fu ymhlith Iddewon a Christnogion cynnar ynghylch union amserlen 'y Diwedd' (gweler Marc 13; 2 Thes. 2: 1-12).

Rhai o'r gwaeau a'r trychinebau hyn a ddadorchuddir pan egyr yr Oen chwech sêl gyntaf y sgrôl (6: 1-17), er bod yn rhaid aros hyd yr wythfed bennod cyn canfod beth a ddigwydd pan agorir y seithfed sêl (8: 1). Daw'n amlwg na ellir gwahanu gweithred yr Oen o agor seliau'r sgrôl oddi wrth ei swyddogaeth o fewn cynllun barn ac achubiaeth Duw; bydd Crist ei hun yn barnu'r anghyfiawn (cymh. 6: 16) ac yn arwain ei bobl at ffynhonnau dyfroedd bywyd (7: 17). Serch hynny, er i rai esbonwyr ddadlau mai cynnwys y sgrôl ei hun a ddatgelir wrth i'r seliau gael eu hagor, mae'n fwy tebygol mai paratoadau ar gyfer sylwedd y sgrôl yw'r weithred o ddatod ei seliau; ni ellir darllen cynnwys y sgrôl hyd nes i'w holl seliau gael eu hagor. Nid oes amheuaeth, fodd bynnag, nad barn a digofaint Duw a ddatguddir pan agorir y seliau hyn, gan beri i ddiwinyddion ar hyd y canrifoedd holi sut y gellir cysoni'r disgrifiad gogoneddus o'r Oen yn y bumed bennod gyda'r darlun echrydus o farnedigaeth sy'n dilyn. Er bod neges o obaith yn y llyfr (gweler 8: 1-5; 11: 15-17), yn enwedig pan ddisgrifir brenhiniaeth Duw a'r Oen (pen. 20-22), nid yw mor amlwg â'r darlun o ddial a dinistr. Dyma un o'r prif resymau paham yr oedd y Tadau cynnar yn gyndyn i gynnwys Llyfr Datguddiad yng nghanon y TN.

Wrth gwrs, mae Llyfr Datguddiad – fel nifer o destunau Iddewig a Christnogol y cyfnod – yn ceisio dod i dermau â realiti a grym effeithiol drygioni yn y byd, gan bwysleisio nad yn y byd seciwlar yn unig, ond mewn cymunedau crefyddol hefyd (cymh. 2: 9; 3: 9), y gwelir olion dylanwad Satan a'i weision. Golyga hyn fod Ioan, fel llu o awduron eraill, yn gorfod wynebu'r cwestiwn anodd paham mae Duw yn caniatáu i ddrygioni a'i effeithiau dreiddio drwy'r byd. Er i rai ddatgan nad 'gwaith Duw yw marwolaeth' (Doeth. 1: 13), mae eraill yn mynegi'r farn mai i 'ddibenion dial' y crewyd tân, newyn a marwolaeth (Eccles. 39: 29). Yn yr un modd, mae Duw yn Llyfr Datguddiad yn ymateb i ddrygioni, annuwioldeb ac anghyfiawnder yn y byd trwy ddatguddio ei ddigofaint mewn cyfres o farnedigaethau a chosbedigaethau dinistriol (6: 1-8, 12-17).

Duw, yn ôl darlun Ioan, sydd yn gyfrifol yn y pen draw am y ffenomenau a ddisgrifir, oherwydd ei sgrôl ef a agorir gan yr Oen. Serch hynny, nid trychinebau naturiol megis daeargrynfâu a ddatgelir wrth ddatod seliau'r sgrôl, ond effeithiau drygioni ac anhrefn dynol yn y byd, sef rhyfel, newyn a marwolaeth. Gan nad oes arwyddion o edifeirwch ymhlith y rhai a ymddieithriodd oddi wrth Dduw (yn enwedig o achos eilunaddoliaeth), mae'n rhaid iddynt wynebu barn. A thrwy gyfrwng darluniau delweddol a mytholegol o ymateb Duw i'r fath anufudd-dod, gan ddehongli digwyddiadau o'r gorffennol a'r presennol (megis rhyfel a newyn) fel proffwydoliaethau, anogir aelodau'r eglwysi yn Asia i ystyried o'r newydd eu hymddygiad a'u safle hwythau o fewn y cynllun dwyfol.

Cadwyn o ffenomenau dinistriol a gyflwynir wrth i'r Oen agor y bedair sêl gyntaf, rhai a gynrychiolir yn y weledigaeth gan bedwarawd o geffylau a'u marchogion yn carlamu'n ddramatig ar y llwyfan nefol (6: 1-8). Addasiad o ddwy adran ym mhroffwydoliaeth Sechareia yw'r olygfa hon (1: 8 - 15; 6: 1-8), lle gwêl y proffwyd ddynion yn marchogaeth ar geffylau o wahanol liwiau, gan adrodd yn ôl i Dduw am amgylchiadau heddychlon y byd. Ni pherthyn arwyddocâd arbennig i liwiau'r ceffylau a ddisgrifir gan Sechareia, ond yn Llyfr Datguddiad fe gynrychiolant wahanol agweddau ar y dinistr a ryddheir wrth agor y seliau. Un nodwedd gyffredin yng ngweledigaeth Ioan o'r pedwar ceffyl yw na ddônt i'r golwg hyd nes i'r pedwar creadur byw ddatgan mewn tro, *Tyrd* (adn. 1, 3, 5, 7), gan awgrymu mai Duw ei hun sydd yn rheoli eu gweithgarwch a'u hymddangosiad.

Mae'r bwa yn llaw marchog y *ceffyl gwyn* (adn. 2) yn symbol gyffredin i ddynodi cosb gan Dduw (cymh. Hab. 3: 9), er i rai esbonwyr weld cyfeiriad cynnil yma at y Parthiaid o hen deyrnas Persia yn y dwyrain (cymh. 9: 14; 16: 12), rhai oedd yn adnabyddus drwy'r Hen Fyd am eu doniau milwrol fel saethwyr ac a oedd, yn ogystal, yn aros am y cyfle i ddial ar Rufain. Boed yma gyfeiriad hanesyddol penodol ai peidio, symbol yw'r ceffyl gwyn a'i farchog o'r ysfa filwrol i goncro. Ac er mai'r un ferf Roeg (*nikaô*) a ddefnyddir hefyd i ddisgrifio goruchafiaeth yr Oen (5: 5), mae'r BCN yn awyddus i wrth-gyferbynnu effeithiau gweithred yr Oen ('gorchfygu') gydag effeithiau gweithgarwch y marchog cyntaf (adn. 2: *aeth allan fel concwerwr i ennill concwest*). Serch hynny, fe ymddengys unwaith eto mai asiant Duw yw'r ceffyl gwyn a'i farchog, oherwydd mae'r geiriau *rhoddwyd iddo goron* buddugoliaeth yn awgrymu defnydd Ioan o'r 'goddefol dwyfol' (cymh. adn. 4, 8). Dyma ddarlun o'r ysfa ddynol i goncro, sef man cychwyn y broses o ddinistr a ddadorchuddir pan ymddengys y tri ceffyl arall.

Ar agoriad yr ail sêl a gorchymyn yr ail greadur, daw'r *ceffyl fflamgoch* i'r golwg (adn. 4). Symbol o dywallt gwaed yw'r lliw fflamgoch, sef canlyniad anochel yr ysfa i goncro a gynrychiolwyd gan y ceffyl gwyn ac ysfa a amlygir yn awr wrth i'r ail farchog, sy'n cario cleddyf lladdfa, dderbyn awdurdod (gan Dduw) i *ddwyn heddwch oddi ar y ddaear a pheri i ddynion ladd ei gilydd* (adn. 4). Yn yr un modd, mae'r ffenomen o ryfel a gynrychiolir gan y ceffyl fflamgoch yn arwain, gydag agoriad y drydedd sêl, at ymddangosiad y *ceffyl du* a'i farchog (adn. 5). Effaith rhyfel, yn y cyswllt hwn, yw newyn, sydd yn esbonio'r cyfeiriad at y glorian yn llaw'r marchog, oherwydd mae'n rhaid pwyso a chyfyngu ar fara pan fo bwyd yn brin (Lef. 26: 26; Esec. 4: 16). Mae prinder bwyd yn arwain hefyd at chwyddiant (adn. 6), gan beri i chwart o wenith neu dri chwart o haidd fod yn gyfystyr â chyflog diwrnod neu, yn llythrennol, un denarius (cymh. nodyn y BCN ar Math. 18: 28). Anodd yw egluro, fodd bynnag, paham mae llais o ganol y creaduriaid byw yn gorchymyn na ddifethir yr olew a'r gwin, er ei bod hi'n bosibl mai gwarchod bendithion yr oes feseianaidd yw'r bwriad (Jer. 31: 12; Joel 2: 24).

Symbol o angau yw lliw y pedwerydd ceffyl, y *ceffyl gwelwlwyd* (adn. 8), oherwydd defnyddir y gair Groeg perthnasol (*chlôros*) mewn testunau clasurol i ddynodi'r gwyrddni neu'r llwydni a welir yn wynebau cleifion (Hipocrates) a hyd yn oed i ddisgrifio gwelwder cyrff meirw. Dyma'r gadwyn o ganlyniadau dinistr yn gyflawn: ysfa i goncro > rhyfel > newyn > marwolaeth. *Marwolaeth*, felly, a gynrychiolir gan farchog y *ceffyl gwelwlwyd* ac a ddilynir gan *Drigfan y Meirw* (adn. 8). Er y bydd effeithiau marwolaeth yn erchyll ac yn amrywio o ran tarddiad (cleddyf, newyn, pla, bwystfilod y ddaear; cymh. Esec. 5: 16-16; 14: 21), fe'u cyfyngir i chwarter y ddaear, oherwydd paratoadau rhannol ydynt ar gyfer dydd yr Arglwydd (6: 17).

Ceir newid cywair pan agorir y bumed sêl (adn. 9-11) a gwelir rhai cyfiawn Duw mewn mentyll gwyn, gan gadarnhau mai cyfiawnder yn hytrach na dial sydd yn sail i'r digofaint dwyfol a amlygwyd eisoes. Yr hyn a wêl Ioan dan yr allor nefol yw eneidiau'r merthyron, sef y *rhai a laddwyd ar gyfrif gair Duw ac am y dystiolaeth yr oeddent wedi ei dwyn* (adn. 9). Fel amryw o destunau eraill yn y TN, rhagdybir yma bod eneidiau credinwyr yn cael eu cipio i'r nefoedd yn union ar ôl marwolaeth (cymh. 2 Cor. 5: 1-2; Phil. 1: 23), ond mae'r cyfeiriad at eu lleoliad *dan yr allor* yn haeddu sylw pellach. Yn ogystal â phwysleisio agosrwydd yr eneidiau at bresenoldeb Duw ei hun, mae'r cyfeiriad at allor yn arwyddocaol oherwydd y ddwy allor oedd yn y deml ddaearol yn Jerwsalem, sef allor y poethoffrwm yn llys allanol y deml ac allor aur yr arogldarth oedd o flaen llen y Cysegr Sancteiddiolaf (Lef. 4: 18). Cyfeiria Ioan yn gwbl agored at allor arogldarth y deml nefol (8: 3, 5; 9: 13), ond fe ymddengys mai allor y poethoffrwm sydd ganddo mewn golwg yma (cymh. 16: 6-7), oherwydd portreadir y merthyron Cristnogol fel yr aberthau y tywalltwyd eu gwaed (eu bywyd a'u heneidiau) ar allor y deml nefol (Lef. 4: 7: 'bydd [yr offeiriad] yn tywallt gweddill gwaed y bustach wrth droed allor y poethoffrwm'). Byddant yn cael eu gwisgo mewn mentyll gwyn ac, er gwaethaf yr holl ddinistr ar y ddaear, cânt eu gwarchod gan Dduw hyd nes iddynt gael eu hatgyfodi i deyrnasu gyda Christ ar y ddaear (20: 4).

Ond gweiddi am farn a chyfiawnder a wna eneidiau'r merthyron ar y foment hon: *Pa hyd, Benllywydd sanctaidd a gwir, cyn i ti farnu, a dial ein gwaed ar drigolion y ddaear?* (adn. 10). Efallai mai'r rheswm dros ddiffyg amynedd yr eneidiau hyn yw nad ystyriant gosbedigaethau trigolion annuwiol y byd, sef y rhai a fu'n gyfrifol am farwolaeth waedlyd y merthyron, yn ddigon llwyr a llym. Ond dyfais lenyddol sydd ar waith mewn gwirionedd, oherwydd mae'r syniad o oedi cyn i gyfiawnder Duw gael ei gyflawni yn nodwedd amlwg mewn testunau apocalyptaidd (cymh. Dan. 12: 13); dywedir wrth y merthyron, felly, am orffwys hyd nes i nifer eu cydferthyron fod yn gyflawn (adn. 11).

Ar agoriad y chweched sêl mae Ioan yn gweld nifer o ddigwyddiadau symbolaidd a chosmig sydd, fel yn achos testunau apocalyptaidd eraill y cyfnod, yn arwyddion sicr fod 'y dyddiau diwethaf' wedi gwawrio: *daeargryn mawr* (Esec. 38: 19-20: Hag. 2: 6), *yr haul yn ddu fel sachliain galar a'r lleuad lawn yn goch fel gwaed* (Es. 13: 10; Joel 2: 31; Marc 13: 24). Adleisir nifer o destunau beiblaidd yn y cyfeiriad at sêr yn syrthio i'r ddaear fel cawod o ffigys gleision (adn. 13), er mai'r testun mwyaf dylanwadol yn y cyswllt hwn yw Es. 34: 4, lle sonnir hefyd am yr wybren yn plygu fel sgrôl (adn. 14: *rhwygwyd y ffurfafen fel sgrôl yn cael ei dirwyn*).

Dilynir hyn gan ddisgrifiad dramatig o effeithiau'r digwyddiadau cosmig hyn ar drigolion y ddaear (adn. 15-17), oherwydd bydd pobl, o dan arweiniad brenhinoedd y ddaear, yn cuddio mewn ogofeydd er mwyn ceisio lloches rhag y dinistr mawr (cymh. Es. 2: 10-21). Gelwir ar y mynyddoedd a'r creigiau i fod yn amddiffynfa i'r bobl drwy syrthio arnynt (cymh. Hos. 10: 8; Luc 23: 30). Ni all hyd yn oed y cryfion a'r cedyrn wrthsefyll digofaint yr Oen, gan brofi mai bregus a darfodedig yw eu grym mewn gwirionedd. Tra mai gorffwys yn eu trigfan nefol fydd tynged y merthyron a ymneilltuodd o safonau'r byd (adn. 11), bydd dyfodiad *dydd mawr eu digofaint* (sef digofaint Duw a'r Oen) yn peri i drigolion y byd holi mewn anobaith: *pwy all sefyll?* (adn. 17; cymh. Joel 2: 11; Mal 3: 2). Ar ôl disgrifiad graffig Ioan o'r arwyddion niferus fydd yn rhagflaenu diwedd yr oes bresennol (6: 1-16), mae'r chweched bennod yn cloi gyda chyfeiriad at ddyfodiad dydd yr Arglwydd a'i holl erchylltra, pan fydd Duw yn barnu'r holl fyd. Bydd nifer, fodd bynnag, yn llwyddo i wrthsefyll y digofaint dwyfol, a cheir disgrifiad manwl ohonynt yn y bennod sy'n dilyn.

7: 1-8 **Selio'r 144,000 o Israel**

Gan na ddisgrifir yr Oen yn agor y seithfed sêl hyd at ddechrau'r wythfed bennod, mae'r portread o dynged yr etholedigion (7: 1-17) yn ffurfio rhyw fath o egwyl o fewn y gyfres hon o weledigaethau. Mae amryw o esbonwyr yn awgrymu mai ychwanegiad diweddarach yw'r seithfed bennod, er mai ailgydio a wna'r adran hon mewn gwirionedd mewn amryw o themâu a wyntwyllwyd eisoes ym mhenodau 5-6. Mae'r ddelwedd o'r Oen yn agor seliau'r sgrôl yn arwain, mewn modd cwbl naturiol a chywrain, at ddarlun o'r rhai cyfiawn yn cael eu selio â sêl y Duw byw. Tra mai barn Duw a wyneba'r byd annuwiol, neges o obaith a gyhoeddir i'r sawl sydd yn ufudd i'w ewyllys.

Er mwyn pwysleisio na fydd y Diwedd yn digwydd ar unwaith, gwêl Ioan *bedwar angel yn sefyll ar bedair congl y ddaear yn dal pedwar gwynt y ddaear* (adn. 1); gorchwyl yr angylion hyn yw niweidio'r ddaear â grym dinistriol y gwynt, ond fe'u gwaherddir gan angel arall rhag gweithredu hyd nes *selio gweision Duw ar eu talcennau* (adn. 3). Yn yr un modd, felly, ag y mae'r pedwar ceffyl a'u marchogion yn cynrychioli'r arwyddion a ragflaena ddydd digofaint Duw a'r Oen, bydd y farn a symbolir gan y pedwar gwynt yn cael ei hatal hyd yr amser penodedig.

Symbol o warchodaeth Duw yw'r sêl (Groeg: *sphragis*) a osodir ar dalcennau ei weision etholedig. Yn ôl proffwydoliaeth Eseciel, mae Duw yn gorchymyn y dyn sydd wedi'i wisgo mewn lliain i osod 'nod ar dalcen pob un sy'n gofidio ac yn galaru am yr holl bethau ffiaidd a wneir' yn Jerwsalem, er mwyn eu hamddiffyn rhag y dynion oedd yn lladd trwy'r ddinas gyda chymorth arfau marwol, sef arfau digofaint Duw (Esec. 9: 4-6). Yr oedd y sêl neu'r nod ar dalcennau galarwyr Jerwsalem yr un mor effeithiol, felly, â gwaed oen y Pasg a daenwyd ar byst drysau'r Israeliaid ar achlysur eu gwaredigaeth o'r Aifft (Ex. 12: 21-27). Ond yn ogystal â chael eu hamddiffyn gan Dduw rhag ei ddigofaint, mae'r gweision yng ngweledigaeth Ioan yn derbyn sêl gan yr angel fel arwydd o'u statws arbennig fel pobl Dduw. Duw yw eu perchennog, ac enw'r Tad a'r Oen fydd yn ysgrifenedig ar eu talcennau pan ymddangosant ar Fynydd Seion (14: 1; cymh. 22: 4).

Disgrifiad o weision Duw a geir yn yr adnodau dilynol (adn. 4-8), er y bu cryn ddyfalu ynghylch union arwyddocâd eu rhif symbolaidd, sef *cant pedwar deg a phedair o filoedd* (adn. 4). Deuddeg llwyth Israel yw categori sylfaenol y rhestr, tra lluosogir y rhif hwnnw gan Ioan er mwyn cynnwys deuddeg mil o unigolion o bob llwyth. Ymhlith Sgroliau'r Môr Marw, sef y sgroliau a briodolir i gymuned o Eseniaid a drigai ar lannau'r Môr Marw (rhwng yr ail ganrif CC a thua 70 OC), mae testun sy'n taflu goleuni ar ddarlun Ioan o'r miloedd a gaiff eu selio gan Dduw. Yn Sgrôl Rhyfel Qumran (a adwaenir fel 1QM), ceir disgrifiad manwl o'r paratoadau angenrheidol ar gyfer y frwydr derfynol pan fydd meibion y goleuni yn ennill buddugoliaeth dros feibion y tywyllwch; bydd milwyr gwrywaidd o ddeuddeg llwyth Israel yn brwydro gyda meibion y goleuni, a bydd pob mil o ryfelwyr a ddaw o bob un o'r llwythau yn cynrychioli dosbarthiad byddin (er enghraifft, 1QM 6: 11).

Buddugoliaeth yw thema fawr y seithfed bennod yn Llyfr Datguddiad ac, yng ngoleuni'r testun hwn o'r Sgroliau, fe ymddengys fod Ioan wedi pennu'r rhif 144,000 er mwyn portreadu'r rhai cyfiawn fel deuddeg dosbarthiad o filwyr gwrywaidd i gynrychioli pob un o'r deuddeg llwyth. Cadarnheir hyn yn ddiweddarach yn y llyfr pan gyfeirir at yr un grwp fel 'y rhai sydd heb eu halogi eu hunain â merched' (14: 3), oherwydd yr oedd disgwyl i ryfelwyr sanctaidd Israel fod yn gwbl ddiwair. Dyma aelodau byddin yr Oen, 'y Llew o lwyth Jwda' (5: 5), sydd yn esbonio paham y gosodir Jwda (yn hytrach na Reuben) ar flaen y rhestr hon o lwythau.

7: 9-17 **Y Dyrfa o Bob Cenedl**

Ar ôl clywed rhif y rhai a seliwyd (adn. 4), dywed Ioan ei fod wedi edrych *ac wele dyrfa fawr na allai neb ei rhifo, o bob cenedl a'r holl lwythau a phobloedd ac ieithoedd* (adn. 9). Mewn gwrthgyferbyniad llwyr â chri trigolion y ddaear am iddynt gael eu cuddio rhag wyneb Duw a digofaint yr Oen (6: 16-17), mae'r credinwyr dirifedi o bob cenedl a llwyth yn derbyn yr hawl i sefyll o flaen gorsedd Duw a'r Oen a chael eu gwisgo mewn mentyll gwynion (cymh. 6: 11).

Dywedir hefyd eu bod yn cario *palmwydd yn eu dwylo* (adn. 9), er mwyn creu darlun ohonynt yn dathlu buddugoliaeth. Yr arfer ymhlith yr Iddewon oedd cario palmwydd yn ystod Gŵyl y Pebyll (Lef. 23: 40), a cheir amryw o gyfeiriadau yn llenyddiaeth y Macabeaid at bobl Israel yn cario palmwydd fel symbol o'u buddugoliaeth dros eu gelynion, yn enwedig ar ôl puro'r deml yn Jerwsalem o'r 'ffieiddbeth diffeithiol' (1 Mac. 13: 5; 2 Mac. 10: 6-7). Rhagflas yw gweledigaeth Ioan, felly, o ddathliadau gogoneddus byddin yr Oen ar ôl i Satan a'i weision gael eu dymchwel (sef cynnwys gweledigaethau diweddarach y llyfr). Mewn geiriau eraill, dyma ddarlun o fuddugoliaeth y rhai cyfiawn ar ôl digwyddiadau cynhyrfus dydd digofaint Duw.

Ond beth yw'r berthynas rhwng 144,000 o weision Duw (adn. 4-8) a'r tyrfaoedd o bob cenedl a llwyth (adn. 9)? O gofio mor ddeinamig yw delweddau Llyfr Datguddiad, dylid nodi'r cysylltiad annatod yn y weledigaeth hon rhwng yr hyn a glyw Ioan, sef rhif y rhai a seliwyd, a'r hyn a wêl, sef y tyrfaoedd aneirif. Techneg ydyw a ddefnyddiwyd eisoes yn y bumed bennod; clyw Ioan am *y Llew o lwyth Jwda*, sef Meseia buddugoliaethus Israel, ond yr hyn a wêl, pan ymddengys ar y llwyfan nefol, yw'r Oen a orchfygodd trwy gyfrwng ei farwolaeth aberthol (5: 5-6). Yn yr un modd, gwir ddilynwyr Meseia Israel (a rifir o ddeuddeg llwyth y genedl) yw'r tyrfaoedd o blith yr holl genhedloedd sydd yn gallu dathlu yn awr gyda'r Oen a fu farw ac sydd bellach yn fyw. Golyga hyn mai bwriad yr awdur yw siarsio ei ddarllenwyr i uniaethu'r naill grŵp â'r llall, a chânt eu hannog i feddwl mewn ffordd hyblyg a chreadigol am natur y berthynas rhwng y ddelwedd a'i harwyddocâd. Gan hynny, byddin yr Oen yw'r wir Israel (adn. 4), yr Israel honno na chyfyngir arni gan ffiniau cymdeithasol, cenedlaethol ac ieithyddol. Ac yn unol â'r addewid a wnaethpwyd i Abraham, 'tad i lu o genhedloedd', bydd Israel yn ddirifedi fel y sêr ac fel llwch y ddaear (Gen. 13: 16; 15: 5; 16: 10) ac yn cynnwys pobl o genhedloedd lawer (Gen. 17: 4-6).

Pan fydd y wir Israel yn dathlu buddugoliaeth Duw a'r Oen (adn. 10), mae'r holl drigolion nefol – yr angylion, yr henuriaid a'r pedwar creadur byw – yn syrthio gerbron yr orsedd i addoli Duw. Ceir yma olion clir o'r olygfa flaenorol yn yr orseddle nefol (pen. 4-5); yr un ffigurau a saif o amgylch yr orsedd, ac y mae eu cân o fawl yn amrywiad agos ar y litwrgi sy'n cyfarch yr Oen (5: 12; gosodir saith o ragorfreintiau Duw mewn trefn gwahanol a chynhwysir *diolch* yn hytrach na *chyfoeth*).

Mae'r ymgom fer rhwng Ioan ac un o'r henuriaid nefol yn datgelu gwybodaeth bellach am y tyrfaoedd a gyflwynwyd fel y wir Israel. *Dyma'r rhai sy'n dod allan o'r gorthrymder mawr; y maent wedi golchi eu mentyll a'u cannu yng ngwaed yr Oen* (adn. 14). Gwneir yn eglur, felly, mai'r rhai a wynebodd erledigaeth, hyd yn oed angau, ar gyfrif eu teyrngarwch i Grist yw'r rhai a selir ar eu talcennau ac a wisgir yn awr mewn mentyll gwyn. Dim ond y rhai sydd wedi goroesi'r gorthrymder mawr all gyfranogi o fendithion y fuddugoliaeth. Ceir cyfosodiad trawiadol, ond garw, yn y disgrifiad o fentyll gwyn y rhai cyfiawn yn cael eu cannu yng ngwaed coch yr Oen. Darlun ydyw o'r angen i ddilynwyr Crist eu huniaethu eu hunain yn llwyr â'r Oen (hwy, nid yr Oen, sydd yn golchi eu mentyll), gan ddilyn llwybr Iesu hyd angau (Dan. 11: 35: 'Bydd rhai o'r deallus yn syrthio er mwyn cael eu puro a'u glanhau a'u cannu ar gyfer amser y diwedd'). Ar gyfrif eu tystiolaeth ffyddlon, gall y credinwyr ennill buddugoliaeth gyda'r Oen a chyfranogi o wynder y bywyd nefol.

Yr oruchafiaeth hon a atseinir yn y gân fawreddog ar ddiwedd y seithfed bennod (adn. 15-17). Darlun a geir yma o fendithion y deyrnas nefol a rhagflas o wynfyd y Jerwsalem newydd (21: 3-6; 22: 1-5), a chanolbwynt y cyfan yw addoliad beunyddiol y trigolion nefol. Bydd y cyfiawn yn gwasanaethu Duw ddydd a nos yn ei deml (cymh. 4: 8), ac yntau'n rhoi lloches wrth *breswylio gyda hwy* (adn. 15). Nid Duw trosgynnol, arallfydol a bortreadir yma, ond un fydd, pan unir y nefoedd a'r ddaear, yn 'tabernaclu' gyda'i bobl drachefn. *Ni newynant mwy ac ni sychedant mwy* (adn. 16), gan adleisio delwedd yr exodus newydd a fynegwyd yn rymus ym mhroffwydoliaeth yr Ail Eseia: 'Ni newynant ac ni sychedant, ni fydd gwres na haul yn eu taro, oherwydd un gofalus ohonynt sy'n eu harwain, ac yn eu tywys at ffynhonnau o ddŵr' (49: 10). Dyma'r neges o gysur ac anogaeth a dderbyniodd yr Iddewon adeg y gaethglud ym Mabilon, a chymhwysir yr un addewid yn awr i'r rhai a ddioddefodd orthrymder Rhufain, y Babilon fawr (14: 8; 17: 5-6). Cânt hwythau eu gwarchod rhag gwres yr haul, er mai Crist – nid Duw – fydd *yn eu bugeilio hwy, ac yn eu harwain i ffynhonnau dyfroedd bywyd* (adn. 17). Try'r Oen yn fugail (cymh. Ioan 1: 29, 36; 10: 11; 14), a bydd yn diwallu syched y rhai cyfiawn wrth eu harwain at ddyfroedd sy'n ffrydio i fywyd tragwyddol (Ioan 4:14). Duw ei hun fydd *yn sychu pob deigryn o'u llygaid hwy* (cymh. Es. 25: 8; Dat. 21: 4), gan drawsffurfio gwewyr a thristwch y rhai a orthrymwyd yn ddathliad marweddog o fuddugoliaeth bywyd dros angau.

8: 1-5 **Y Seithfed Sêl a'r Thuser Aur**

Wedi'r egwyl i ddisgrifio tynged gweision Duw (7: 1-17), fe ddychwel Ioan at fframwaith ei weledigaeth o'r saith sêl er mwyn tynnu sylw at yr hyn a ddigwydd pan egyr yr Oen yr olaf o seliau'r sgrôl. Ar un olwg, mae'r darlun lliwgar ac ingol o farnedigaethau Duw (6: 1-17) yn sicr o fod wedi cyflyru darllenwyr y llyfr i ystyried agoriad y seithfed sêl fel y foment dyngedfennol pan amlygir dydd digofaint Duw yn ei holl gyflawnder. Ond yr hyn a ddilyn yw *distawrwydd yn y nef am tua hanner awr* (adn. 1). Ni ellir gwadu'r tyndra dramatig a gaiff ei greu gan y mudandod hwn. Ar ôl canu soniarus y côr nefol, mae trigolion gorseddle Duw fel petaent yn dal eu gwynt wrth iddynt ddisgwyl dyfodiad dydd yr Arglwydd. Serch hynny, mae ffactor arall all egluro'r distawrwydd yn y nef, sef y pwyslais arbennig yng ngweddill yr adran hon ar weddïau'r saint (adn. 3-5). Mewn amryw o draddodiadau Iddewig, dywedir bod y gynulleidfa nefol – megis yr addolwyr yn y deml ddaearol yn Jerwsalem – yn distewi mewn gweddi ar achlysur offrymu'r arogldarth wrth yr allor. Yn ôl un testun (Talmwd Babilon, Hagigah 12b), mae angylion y bumed nef yn canu emynau o fawl gyda'r nos, ond maent yn fud yn ystod y dydd er mwyn i Dduw wrando ar weddïau Israel. Paratoad yw'r distawrwydd, gan hynny, er mwyn i weddïau'r saint gael eu cyflwyno gerbron Duw (adn. 3).

Cyn disgrifio gweddïau'r credinwyr, dywed Ioan ei fod wedi gweld *y saith angel sy'n sefyll gerbron Duw; a rhoddwyd iddynt saith utgorn* (adn. 2). Cyfeiriad a geir yma at y saith archangel sydd, yn ôl amryw o destunau apocalyptaidd, yn meddu safle arbennig o fewn yr hierarchaeth nefol (Tobit 12: 15: 'Myfi yw Raffael, un o'r saith angel sy'n sefyll wrth ymyl yr Arglwydd ac yn cael mynd i mewn gerbron ei ogoniant'). Ategir hyn gan y ffaith mai swyddogaeth y saith angel yn Llyfr Datguddiad yw seinio'r saith utgorn fydd yn cynnal y gyfres o gosbedigaethau a ddisgrifir ym mhenodau 8-9. Nid arwydd o ddryswch golygyddol ychwaith mo'r cyfeiriad at y saith angel a'r saith utgorn (adn. 2) yng nghanol y disgrifiad o'r seithfed sêl (adn. 1, 3-5), oherwydd bwriad Ioan yw cyd-gloi'r ddwy gyfres yma o weledigaethau er mwyn rhoi'r argraff fod y weithred o agor y sêl olaf yn cwmpasu'r broses o seinio'r saith utgorn.

Yng nghanol y distawrwydd nefol, a chyn seinio'r utgyrn, daw *angel arall a* sefyll wrth yr allor nefol *â thuser aur yn ei law* (adn. 3). Allor yr arogldarth yw hon (cymh. 8: 13; gweler y sylwadau ar yr allor y cyfeirir ati yn 6: 9), tra mai swyddogaeth offeiriadol yr angel yw offrymu arogldarth ar yr allor aur sydd o flaen yr orsedd. Ond beth yw'r berthynas rhwng yr arogldarth a offrymir a'r cyfeiriad sy'n dilyn at weddïau'r saint ? Awgrymir yn aml mai cynrychioli gweddïau Cristnogion ar y ddaear a wna'r arogldarth (BCN: *yn arwydd o weddïau'r holl saint*), er ei bod hi'n fwy tebygol mai darlun ydyw o'r angel yn cymysgu'r arogldarth nefol â gweddïau'r saint, oherwydd y mwg a grëir gan yr arogldarth yn y thuser sydd mewn gwirionedd yn galluogi'r gweddïau i godi at Dduw. Er nad yw Ioan yn ymhelaethu ar gynnwys y gweddïau a gyflwynir gerbron yr allor, galwad ydynt ar i Dduw ymyrryd yn derfynol ar ran ei saint er mwyn sicrhau cyfiawnder ar y ddaear (cymh. 6: 9-10). Fe berthyn swyddogaeth arall, felly, i'r thuser aur yn llaw yr angel; ar ôl i'r mwg esgyn ohoni, llenwir hi â thân (hynny yw, marwor llosg o allor yr arogldarth) a'i thaflu ar y ddaear (adn. 5). Golyga hyn fod gweddïau'r saint yn ennyn dicter Duw yn erbyn y rhai sy'n eu erlid, tra mai symbol yw marwor llosg yr allor o'r barnedigaethau dwyfol a ryddheir ar drigolion y ddaear pan seinir yr utgyrn (8: 6-21). O achos anghyfiawnder a diffyg edifeirwch pobl y ddaear, mae Duw yn ei ddatguddio ei hun fel barnwr, tra mai mynegiant o'i sofraniaeth a'i bresenoldeb grymus yw *sŵn taranau a fflachiadau mellt a daeargryn* (adn. 5; 4: 5).

8: 6-9:20 **Yr Utgyrn**

Saif y saith angel yn barod i seinio'r utgyrn yn y nef (adn. 5), gan baratoi'r ffordd ar gyfer y gweledigaethau echrydus a ddisgrifir yn awr (8: 2 - 9: 21). Byddai cyflwyno delwedd yr utgyrn yn yr adran ganolog hon o'r llyfr yn sicr o beri i'r darllenwyr eu paratoi eu hunain ar gyfer y pethau sinistr sydd ar droed, oherwydd cysylltwyd sain utgorn nid yn unig â dechrau brwydr, ond â'r foment honno pan gyhoeddwyd fod dydd yr Arglwydd yn agos (cymh. Joel 2: 1-3, testun a adleisir yn gyson gan Ioan yn yr adrannau hyn). Mae'r pedwar utganiad cyntaf (8: 7-12) yn ffurfio math ar bedwarawd yn y gyfres, megis y pedair sêl gyntaf (6: 1-8), a chanolbwyntir mewn dull unffurf a chryno ar y modd y mae digofaint Duw yn effeithio ar wahanol elfennau ei greadigaeth – ffynonellau bywyd y ddynolryw – sef y ddaear, y môr, y dyfroedd claear a'r ffurfafen. Targedu'r ddynolryw ei hun a wna'r cosbedigaethau a ryddheir fel canlyniad i'r pumed a'r chweched utganiad (9: 1-21), tra oedir hyd yr unfed bennod ar ddeg cyn cofnodi caniad y seithfed utgorn (11: 15-19).

Un o nodweddion amlycaf y weledigaeth o'r chwech utgorn cyntaf yw defnydd Ioan o'r rhif tri, oherwydd ceir disgrifiad o'r modd y mae cosbedigaethau unigol Duw yn effeithio ar draean o'r hyn a gaiff eu taro ganddynt. Mae barn Duw yn raddol ddwysáu o un gyfres o weledigaethau i'r llall, yn enwedig o gofio mai chwarter y ddaear a effeithiwyd pan agorodd yr Oen y bedwaredd o seliau'r sgrôl (6: 8). Mae Ioan, felly, yn awyddus i bwysleisio nad amlygwyd dicter Duw yn ei holl gyflawnder hyd yma, oherwydd arwyddion pellach yw'r barnedigaethau hyn a ragflaena ddydd yr Arglwydd.

Modelir y trallodion a ddioddefa'r ddaear a'i thrigolion ar y plâu a brofodd yr Eifftiaid o achos calongaledwch Pharo (Ex. 7: 8 - 12: 36, yn enwedig y cyntaf, y seithfed a'r nawfed pla). Ond, fel sy'n nodweddiadol o ddefnydd Ioan o'r Hen Destament, mae'n addasu'r deunydd hwn o lyfr Exodus mewn modd sylweddol a chreadigol. Yn unol â thestunau beiblaidd ac Iddewig eraill, cwtogir traddodiad y deg pla i saith o drallodion (cymh. Salm 78: 43-51; Doeth. 11: 1 - 19: 9), a phwysleisia Ioan y bydd Duw yn rhyddhau'r cosbedigaethau newydd hyn nid ar yr Aifft yn unig, ond ar yr holl fyd. Serch hynny, mae'r trychinebau cosmig hyn, fel y plâu yn yr Aifft, yn baratoad ar gyfer yr exodus newydd a gyflawnir pan fydd brenhiniaeth Duw a'r Oen yn gyflawn a therfynol. Portreadir yr eglwys yn Llyfr Datguddiad fel y wir Israel (1: 5-6; 5: 9-10; 7: 4-10), ac y mae ei hachubiaeth o ddwylo'r *Aifft* (11: 8) yn rhan annatod o exodus newydd pobl Dduw (cymh. 15: 2-3).

Pan fo'r archangel cyntaf yn seinio ei utgorn, *bwriwyd cenllysg a thân, yn gymysg â gwaed, ar y ddaear* (adn. 7), gan losgi traean o'r ddaear, traean o'r coed a'r holl borfa las. Ceir yma adlais clir o seithfed pla y cenllysg ar yr Aifft (Ex. 9: 22-26), yn ogystal ag elfennau nas cofnodir yno, megis y cyfeiriad at waed (Joel 2: 30:

'Rhof argoelion yn y nefoedd ac ar y ddaear, gwaed a thân a cholofnau mwg'). Ond mae'r trychineb hwn hefyd yn gyson â darlun agoriadol y weledigaeth o'r golosg tanllyd yn cael ei fwrw gan angel o'r nef (adn. 5), ac a gaiff ei gynnal pan sonnir, ar ganiad yr ail utgorn, am ymddangosiad *rhywbeth tebyg i fynydd mawr yn llosgi'n dân* (adn. 8). Targedir y môr y tro hwn, oherwydd fe dry un rhan o dair ohono yn waed (cymh. y pla cyntaf yn Ex. 7: 20-21) a dinistrir traean o greaduriaid byw y môr a thraean o'r llongau (adn. 9). Ioan ei hun sydd yn gyfrifol am gyflwyno'r mynydd yn llosgi'n dân. Er ei bod hi'n bosibl mai ffenomen symbolaidd yn unig yw'r llosgfynydd, gwêl nifer o esbonwyr gyfeiriad cynnil yma at ffrwydriad mynydd Feswfiws yn 79 OC. Brawychwyd holl drigolion gwledydd y Môr Canoldir gan y digwyddiad hwn (amcangyfrifir i oddeutu pymtheg mil o bobl golli eu bywydau), a dywed yr hanesydd Dio Cassius (*Hanes Rhufain*, 66. 23. 2) fod holl bysgod ac adar yr ardal wedi marw fel canlyniad i'r drychineb. Wrth gwrs, mae dychymyg byw Ioan yn aml yn peri iddo gyfuno delweddau beiblaidd ac apocalyptaidd cyfarwydd â digwyddiadau neu ffigurau adnabyddus ei gyfnod, a hynny er mwyn i'w ddarllenwyr gael eu dwyn i mewn i gynnwrf a neges lem ei weledigaethau (gweler, er enghraifft, y sylwadau a wneir ynghylch y Parthiaid wrth drafod 6: 2; 9: 13 ac 16).

Ar y trydydd utganiad gwêl Ioan *seren fawr yn llosgi fel ffagl* yn disgyn o'r nef (adn. 10). Mae'r disgrifiad o draean o'r dyfroedd yn cael eu gwenwyno, gan ladd llawer o bobl, yn adlais arall, ond mwy llac, o'r pla cyntaf yn yr Aifft (Ex. 7: 21), er i'r Hen Fyd yn gyffredinol ystyried comedau fel arwydd fod marwolaeth a dinistr ar droed. Ioan ei hun, yn ôl pob tebyg, fu'n gyfrifol am fathu enw'r seren (*Wermod*) o achos ei heffaith chwerw a gwenwynllyd ar y dyfroedd (Jer. 9: 15: 'Wele, bwydaf y bobl hyn â wermod, a'u diodi â dŵr gwenwynig'). Troi sylw o chwerwder marwol y dyfroedd i dywyllwch y ffurfafen a wna Ioan yn ei ddisgrifiad o'r hyn a ddigwydd pan seinir y pedwerydd utgorn:

trawyd traean o'r haul a thraean o'r lleuad a thraean o'r sêr, fel nad oedd dim golau ar draean o'r dydd ac o'r nos (adn. 12). Dyma ddarlun sy'n awgrymog o'r nawfed pla yn yr Aifft (Ex. 10: 21-29; cymh. Amos 8: 9), er mai traean o'r dydd sydd heb olau yn hytrach na'r 'tywyllwch dudew' trwy'r wlad (Ex. 10: 22), yn unol â phwyslais cyfres y saith utgorn ar y datguddiad cyfyngedig hwn o ddigofaint Duw.

Tra mai anhrefn y cosmos yw canolbwynt y gyfres o farnedigaethau a gynrychiolir gan y pedwar utgorn cyntaf (adn. 7-12), cyflwynir y tri utganiad olaf gan eryr a wêl Ioan yn hedfan yng nghanol y nef ac yn llefain: *Gwae, gwae, gwae, drigolion y ddaear o achos seiniau'r utgyrn sydd eto'n ôl i'r tri angel eu seinio* (adn. 13). Llefaru ar ran Duw a wna'r eryr, gan rybuddio trigolion y ddaear fod y tri erchyllter sy'n weddill yn gyfystyr â thri o waeau (cymh. 9: 12; 11: 14). Bydd y trallodion hyn yn taro'r ddynolryw yn uniongyrchol ac yn fwy enbyd na'r trychinebau a brofwyd eisoes. Disgrifia'r nawfed bennod, felly, yr hyn a ddigwydd pan seinir y pumed a'r chweched utgorn, ac yn y bennod hon, heb os nac onibai, y ceir rhai o ddelweddau mwyaf graffig a hunllefus Llyfr Datguddiad.

Ar ganiad y pumed utgorn, gwêl Ioan *seren wedi syrthio o'r nef i'r ddaear, a rhoddwyd iddi allwedd pwll y pydew diwaelod* (adn. 1). Fe'n hatgoffir drachefn o'r ddelwedd o ddigofaint Duw yn disgyn fel golosg i'r ddaear (8: 5, 8, 10), er mai angel a gynrychiolir gan y seren hon (cymh. Job 38: 7; Dan. 8: 10) a'i swyddogaeth – yn unol ag ewyllys Duw – yw agor drws clo y pydew diwaelod. Nid Trigfan y Meirw na'r llyn tân a brwmstan (20: 10-15) mo'r pydew tanddaearol hwn, ond preswylfa drygioni a holl rymoedd y chaos, oherwydd oddi yno y daw'r cythreuliaid a'u pennaeth (9: 1-11), y bwystfil (11: 7; 17: 8) a hyd yn oed Satan ei hun (20: 1-3).

Rhoddir sylw i'r pydew diwaelod mewn amryw o destunau apocalyptaidd, ac yn 1 Enoch 18-21 fe'i disgrifir fel llecyn dychrynllyd sydd â thân enfawr yn llosgi yn ei ganol. Gall hyn esbonio paham mae mwg yn codi o'r pwll pan fo'r angel yn agor drws y pydew, gan dywyllu'r haul a'r awyr (adn. 2). Nid y mwg yn unig sy'n creu tywyllwch, ond *y locustiaid* a ddaw allan o'r pydew. Dyma adlais pellach o draddodiad y plâu yn Llyfr Exodus (10: 1-20, yr wythfed pla), er mai disgrifiad proffwydoliaeth Joel o'r pla locustiaid (2: 1-11) fu'r dylanwad pennaf ar ddarlun Llyfr Datguddiad o'r gwae cyntaf (adn. 3-11). Yn y naill destun a'r llall cyflwynir y pla locustiaid fel amlygiad o'r digofaint dwyfol a ragflaena ddydd yr Arglwydd; ymddangosant ar ddydd o dywyllwch, wedi caniad yr utgorn, ar ffurf byddin gref a threfnus i gosbi trigolion y ddaear a'u hannog i edifarhau (cymh. Joel 2: 12-14).

Bodau cythreulig yn hytrach na locustiaid cyffredin yw'r creaduriaid a wêl Ioan yn ei weledigaeth; dônt o'r pydew diwaelod i niweidio pobl yn hytrach na llystyfiant naturiol megis porfa, planhigion a choed (adn. 4; gweler Joel 2: 3). Dywed Ioan, felly, mai *gallu tebyg i ysgorpionau'r ddaear* sydd gan y locustiaid hyn (adn. 3 a 5), oherwydd rhestrir ysgorpionau, o achos eu colyn gwenwynig, ymhlith y naw offeryn a grewyd gan Dduw i ddial ar yr annuwiol (Eccles. 39: 30). Bydd y rhai cyfiawn sydd â sêl Duw ar eu talcennau yn cael eu gwarchod rhag y fath drallod (adn. 4; cymh. 7: 3), er mai dioddef poen arteithiol am bum mis (sef hyd oes locust) fydd tynged gweddill trigolion y ddaear (adn. 5). Golyga hyn fod Duw yn gosod terfynau ar eu poenedigaeth ac ni chânt eu lladd gan y locustiaid, ond bydd dioddefaint yr anghyfiawn mor echrydus fel y byddant yn dyheu, er yn ofer, am gael marw (adn. 6).

Dilynir hyn gan ddisgrifiad manwl o'r locustiaid (adn. 7-10). Dywed Ioan eu bod, fel locustiaid Joel (2: 4), *yn debyg i geffylau wedi eu paratoi i ryfel*, ac ar eu pennau *megis coronau euraid* yn symbol o'u buddugoliaeth dros drigolion y ddaear. Dwyseir yr elfen grotésg yn y weledigaeth pan ddywedir bod eu hwynebau *fel wynebau dynion*, eu gwallt *fel gwallt merched* a'u dannedd *fel dannedd llewod* (adn. 7-8). Cyfuniad annymunol, gan hynny, yw'r locustiaid hyn o'r gwaraidd (y ddynolryw), y gwyllt (gwallt rhydd merched) a'r dinistriol (dannedd llewod; cymh. Joel 1: 6). Nid yw Ioan, fodd bynnag, yn colli golwg ar ei bortread o'r locustiaid fel marchoglu arfog; mae eu dwyfron *fel dwyfronneg o haearn*, a sŵn eu hadenydd *fel sŵn llawer o gerbydau rhyfel, a'u ceffylau yn carlamu i'r frwydr* (adn. 9; cymh. Joel 2: 4-7: 'fel ceffylau . . . yn carlamu fel meirch rhyfel...fel torf o gerbydau ...fel byddin gref yn barod i ryfel . . . fel milwyr . . . fel rhyfelwyr'). Y colyn gwenwynig a ddaw o gynffonnau'r locustiaid, megis o gynffonnau ysgorpionau, yw eu harf pwerus yn erbyn trigolion y ddaear (adn. 10).

Pwysleisia'r awdur, yn groes i rai traddodiadau beiblaidd (Diar. 30: 27), fod gan fyddin y locustiaid frenin neu bennaeth, sef *angel y pydew diwaelod* (adn. 11). Eglurir mai ei enw Hebraeg yw *Abadon* ('dinistr'), term a ddefnyddir yn yr HD mewn cyfochredd â Sheol a marwolaeth (Job 26: 6; 28: 22; Diar. 15: 11) ac a bersonolir yn awr gan Ioan. Dywed yr awdur ymhellach mai *Apolyon* yw enw'r angel mewn Groeg ('Dinistrydd'), er nad yw'n gyfieithiad union o'r term Hebraeg cyfatebol (yn yr LXX cyfieithir 'Abadon' fel *apôleia*). Mae'n bur debyg fod Ioan yn chwarae ar y tebygrwydd geiriol rhwng 'Apolyon' ac enw'r duw Apolon, oherwydd hawliai rhai o ymerawdwyr Rhufain (yn enwedig Nero a Domitian) mai ymgorfforiad o'r duw hwn oeddent mewn gwirionedd.

Er mor hunllefus yw darlun Llyfr Datguddiad o'r pla locustiaid, dyma draean yn unig o'r gwaeau sydd i ddod: *Aeth y gwae cyntaf heibio; wele, daw eto ddau wae ar ôl hyn* (adn. 12). Yr ail o'r gwaeau hyn a gofnodir ar ôl i'r chweched angel seinio ei utgorn (adn. 13-19). Daw llais o allor aur yr arogldarth (adn. 13: *o blith pedwar corn yr allor aur*) lle'r offrymwyd gweddïau'r saint (8: 3-5), sy'n awgrymu drachefn mai amlygiad o ddicter Duw – mewn ymateb i weddïau'r saint am gyfiawnder – yw'r cystudd a ddisgrifir yng ngweddill y nawfed bennod. Derbynia'r chweched archangel gyfarwyddyd gan y llais (llais Duw?) i ollwng grymoedd yr anhrefn yn rhydd, sef *y pedwar angel sydd wedi eu rhwymo ar lan yr afon fawr, Afon Ewffrates* (adn. 14). Yr Ewffrates, yn ystod y cyfnod hwn, oedd y ffin ddwyreiniol rhwng y Rhufeiniaid a'r Parthiaid, sef gelynion pennaf Rhufain oedd yn farchfilwyr o fri, ac adleisia Ioan y sefyllfa wleidyddol hon er mwyn atgoffa ei ddarllenwyr mai o gyfeiriad y dwyrain y deuai dial, dinistr ac angau (cymh. 16: 12-16). Rhyddheir y pedwar angel dinistriol ar yr union amser a ragordeiniwyd gan Dduw, nid i boenydio (fel yn achos y locustiaid) ond i ladd traean o'r ddynolryw (adn. 15, 18).

Unwaith yn rhagor, fodd bynnag, ceir rhywfaint o densiwn rhwng yr hyn a glyw Ioan a'r hyn a wêl (cymh. 7: 4-9), oherwydd fe dry'r pedwar angel, yn gwbl ddirybudd, yn ddau gan miliwn o wŷr meirch (adn. 16). Ac y mae'r marchoglu o gythreuliaid a wêl Ioan, fel yn achos y locustiaid, yn fwy erchyll o lawer nag unrhyw ryfelwyr daearol. Paratoad, er enghraifft, yw'r disgrifiad o ddwyfronneg y marchogion, *yn fflam o goch a glas a melyn* (adn. 17), ar gyfer y tân (coch), y mwg (glas) a'r brwmstan (melyn) a ddylifa o safnau'r ceffylau sydd â *phennau fel llewod*. Dyma'r plâu a ddisgynnodd ar Sodom a Gomorra (Gen. 19: 24, 28), ac y maent yn gosbedigaethau a ddeillia, yn ôl Llyfr Datguddiad, o'r pydew diwaelod (9: 1) ac o uffern ei hun (19: 20; 21: 8). Daw grym marwol y ceffylau o'u safnau ac o'u cynffonnau sydd â phennau *fel seirff* (adn. 19), gan awgrymu fod portread Ioan o'r ceffylau cythreulig yn ddyledus nid yn unig i draddodiadau beiblaidd, ond i'r darlun mytholegol adnabyddus o'r anghenfil Chimaera, oedd â phen llew, cynffon sarff ac yn poeri tân dinistriol ar y ddaear (gweler yr *Iliad*, 6: 181-182).

Er gwaethaf y plâu hyn, nid yw gweddill y ddynolryw nas lladdwyd yn edifarhau (adn. 20). Fel yn achos Pharo yn yr Aifft, mae'r trychinebau hyn yn ennyn calongaledwch yn hytrach nag edifeirwch ymhlith trigolion y ddaear. Yn unol â beirniadaeth Ioan o fywyd dinesig ac o eilunaddoliaeth yn y saith llythyr at eglwysi Asia (pen. 2-3), parhau a wna mwyafrif y ddynolryw i addoli cythreuliaid a delwau diymadferth o wneuthuriad dynol; mae trigolion y ddaear yn gwrthod cydnabod eu statws fel bodau crëedig yn ogystal â'u dibyniaeth lwyr ar Dduw'r Creawdwr. Canlyniad anochel eilunaddoliaeth yn ôl Ioan, fel yn wir yn ôl Paul (Rhuf. 1: 18-32), yw'r anfoesoldeb hwnnw a amlygir mewn gweithredoedd megis *llofruddiaeth, dewiniaeth, godineb a lladrad* (adn. 21; 2: 14, 21). Dyma enghreifftiau o'r anhrefn cymdeithasol a'r ymddieithrio oddi wrth Dduw sy'n peri iddo ddatguddio ei ddigofaint mewn anhrefn cosmig a chythreulig. Er na ddisgwylia Ioan i'w ddarllenwyr ddehongli ei ddisgrifiadau symbolaidd o dynged y byd mewn modd cwbl lythrennol, darlunia farnedigaethau Duw yn y dull mwyaf arswydus posibl er mwyn rhoi'r math o ysgytwad i'w ddarllenwyr fydd yn eu hatal rhag ildio i safonau'r byd hwn.

10: 1-11 **Yr Angel a'r Sgrôl Fechan**

Er mai disgrifiad o'r ail wae a gafwyd yn ail hanner y nawfed bennod (9: 13-21), ni chyfeirir at ddiwedd y gwae hwn hyd 11: 14 ('Aeth yr ail wae heibio; wele'r trydydd gwae yn dod ar fyrder'). Nid ymhelaethu ar yr ail wae yw pwrpas 10: 1-11:13, ond cynnwys egwyl bellach (megis 7: 1-17) rhwng caniad y chweched a'r seithfed utgorn er mwyn cynnig disgrifiad o'r sgrôl a dderbynnir gan Ioan (10: 1-11) ac o'r ddau dyst (11: 1-13). Cyfeirir yn benodol at ganiad y seithfed utgorn yn 11: 15-19.

Gwêl Ioan *angel nerthol arall yn disgyn o'r nef* (adn. 1), un sy'n meddu arwyddion amlwg o bresenoldeb Duw, sef gwisg o *gwmwl* (cymh. Dan. 7: 13), *enfys* ar ei ben (cymh. Esec. 1: 28), wyneb fel haul (1 Enoch 14: 20: 'disgleiriai gwisg y Gogoniant Mawr fel haul') a'i draed fel colofnau o dân (cymh. Ex. 14: 19, 24). Nid cyd-ddigwyddiad mo'r ffaith fod yr angel wedi'i wisgo â'r gogoniant dwyfol hwnnw a briodola Ioan yn ogystal i Grist (1: 15-16) ac i Dduw (4: 3), oherwydd dyma'r negesydd a drosglwydda'r 'datguddiad a roddwyd gan Iesu Grist' (1: 1;

22: 16). Awgrymir hefyd mai ffigur cosmig â chenhadaeth fyd-eang ydyw, oherwydd dywedir ei fod wedi gosod ei *droed dde ar y môr a'r un chwith ar y tir* (adn. 2), gan ddal sgrôl fechan yn ei law.

Beth, felly, yw'r *sgrôl fechan wedi ei hagor* sydd yn llaw yr angel? Awgryma nifer o esbonwyr cyfoes y dylid uniaethu'r sgrôl yma â'r un a dderbyniodd yr Oen (5: 1-9). Gellir nodi nifer o ffactorau a gefnoga'r safbwynt hwn. i) Ni ddatgelwyd, hyd yn hyn, gynnwys y sgrôl a roddwyd i'r Oen, oherwydd mae'n rhaid yn gyntaf agor ei saith sêl (8: 1); sgrôl wedi ei hagor sydd yn llaw yr angel (10: 2) ac ni ellir datgelu ei chynnwys hyd nes i Ioan ei llyncu (10: 8-11). ii) Mae'r gadwyn o Dduw i Grist (5: 7) ac o'r angel i Ioan (10: 8-10) yn cyfateb i'r hyn a ddisgrifir yn 1: 1 ('Dyma'r datguddiad a roddwyd gan Iesu Grist. Fe'i rhoddwyd iddo ef gan Dduw . . . fe'i gwnaeth yn hysbys trwy anfon ei angel at ei was Ioan'). Golyga hyn fod yr angel nerthol yn cario'r sgrôl a agorwyd gan yr Oen (6: 1 - 8: 1) ac yn ei rhoi yn awr i Ioan (10: 8) er mwyn iddo ef (a'i gymuned) barhau tystiolaeth yr Oen gerbron y byd. iii) Mae adleisiau o'r sgrôl a dderbyniodd Eseciel i'w gweld yn nisgrifiad Ioan o'r sgrôl sydd yn llaw Duw (5: 1; Esec. 2: 9-10), ac yn parhau pan fo yntau'n derbyn y sgrôl gan yr angel (10: 8-10; Esec. 3: 1-3). Er i rai esbonwyr ddadlau na ellir uniaethu'r naill sgrôl a'r llall oherwydd 'sgrôl' (Groeg: *biblion*) a roddir i'r Oen gan Dduw (5: 1), ond 'sgrôl fechan' (*biblaridion*) a dderbynia Ioan (10: 2, 9-10), rhaid nodi y defnyddir y term biblion unwaith hyd yn oed am y sgrôl fechan (10: 8: *Dos a chymer y sgrôl sy'n agored*). Mae trawsffurfio delweddau mewn modd cynnil yn nodwedd apocalyptaidd gyffredin yn Llyfr Datguddiad; try'r Llew yn Oen (5: 5-6) ac fe dry llwythau meibion Israel yn dyrfaoedd o bob cenedl (7: 4-9). Yn yr modd, try'r sgrôl a agorwyd gan yr Oen yn sgrôl fechan, a chwtogir ei maint er mwyn i Ioan allu ei bwyta a'i llyncu (adn. 9-10).

Pan ddechreua'r angel lefaru â llais fel llew yn rhuo, cyfyd y *saith daran eu llef hwythau* (adn. 3). Symbol o lais Duw yw'r daran mewn amryw o draddodiadau beiblaidd (sonnir, er enghraifft, am 'Dduw'r gogoniant sy'n taranu' yn Salm 29: 3, a chyfeirir saith o weithiau at ei lais o fewn y salm hon), ond pan fo Ioan ar fin cofnodi'r hyn a gyhoedda'r saith daran, daw llais o'r nef yn ei orchymyn i osod dan sêl yr hyn a ddatgelir ganddynt (adn. 4). Gall gorchymyn o'r fath beri cryn ddryswch i ddarllenwyr y llyfr, yn enwedig o gofio mai prif swyddogaeth Ioan fel proffwyd yw cofnodi'r hyn a wêl (1: 19; 22: 10). Paham, felly, y caiff ei wahardd rhag ysgrifennu'r hyn a lefara'r saith daran? Annhebygol yw'r ddamcaniaeth fod Ioan, megis Paul, yn clywed 'traethu'r anhraethadwy', y geiriau nad oes gan fodau dynol yr hawl i'w llefaru (2 Cor. 12: 3), oherwydd awgryma hyn fod y saith daran yn datguddio pethau llawer mwy cysegredig na'r gweledigaethau eraill sydd yn cael eu cynnwys yn y llyfr. Gan mai ffenomen a gysylltir â dial a dinistr yw'r daran mewn adrannau eraill yn Llyfr Datguddiad (8: 5; 11: 19; 16: 18), mae'n ymddangos mai cyfres bellach o farnedigaethau a gynrychiola'r saith daran (fel y seliau, yr utgyrn a'r ffiolau). Nid yw'r barnedigaethau hyn, fodd bynnag, i fod yn rhan o broffwydoliaeth Ioan. O achos datganiad yr angel na fydd oedi mwy (adn. 6), mae'r gorchymyn i beidio â chofnodi neges y saith daran yn symbol o addewid Duw y bydd ef, er mwyn yr etholedigion, yn byrhau dyddiau'r gorthrymder mawr (cymh. Marc 13: 20; Math. 24: 22). Mae'r gweledigaethau ym mhenodau 10-11, gan hynny, yn gosod y pwyslais ar ddatganiad yr angel ac ar gynnwys y sgrôl fechan.

Paratoad yw'r mudandod wedi datguddiad y saith daran ar gyfer y weledigaeth o'r angel yn codi ei law dde, ac yn tyngu i'r Duw tragwyddol: *Ni bydd oedi mwy* (adn. 6). Pan gaiff y seithfed utgorn ei seino, cyflawnir y cynllun dwyfol, oherwydd *bydd bwriad dirgel Duw wedi ei ddwyn i ben* (adn. 7). Nid oes amheuaeth nad yw Ioan yn modelu'r olygfa hon ar weledigaeth Daniel (12: 5-7), lle gofynnir i'r dyn wedi'i wisgo mewn lliain: 'Pa bryd y bydd terfyn ar y rhyfeddodau?' Etyb yntau, gan godi ei ddwy law i'r nef a thyngu: 'Cyn wired â bod y Tragwyddol yn fyw, am amser ac amserau a hanner amser y bydd hyn, a daw'r cwbl i ben pan roddir terfyn ar ddiddymu nerth y bobl sanctaidd' (12: 7). Cyfnod penodedig o dair blynedd a hanner a ragflaena'r oes newydd yn ôl Llyfr Daniel, tra dywed yr angel nerthol wrth Ioan mai yn nyddiau sain y seithfed utgorn y gwelir cyflawniad cynllun dirgel Duw, *yn unol â'r newyddion da a gyhoeddodd i'w weision, y proffwydi* (adn. 7). Testun proffwydol arall, sef Amos 3: 7, a adleisir yn awr: 'Ni wna'r Arglwydd Dduw ddim heb ddangos ei fwriad i'w weision, y proffwydi'. Bu Daniel ac Amos, fel proffwydi eraill yr HD, yn dystion i'r addewid honno a glyw Ioan yn awr; daw'r oes bresennol i ben ar fyrder er mwyn i frenhiniaeth Duw gael ei hamlygu'n gyflawn a gogoneddus ar y ddaear.

Yn unol â phwyslais Amos ar y ffaith fod Duw eisoes wedi llefaru, ac felly 'Pwy all beidio â phroffwydo?' (Amos 3: 8), Ioan yw'r proffwyd sy'n derbyn comisiwn gan lais o'r nef (llais Duw) i gymryd y sgrôl o law'r angel a'i bwyta (adn. 8-9; cymh. Esec. 2: 8 - 3: 3). Disgwylir i Ioan chwarae rhan allweddol yn y ddrama fawr sy'n dilyn, gan lyncu'r sgrôl a chyhoeddi ei chynnwys ar y ddaear: datgelir gwir natur y digwyddiadau fydd yn arwain at ddiwedd yr oes bresennol ac at ddyfodiad teyrnas Dduw. Fodd bynnag, rhybuddir Ioan gan yr angel y bydd y sgrôl yn *chwerw i'th gylla, ond yn felys fel mêl yn dy enau.* Er mai Duw ei hun yw awdur y neges a dderbynia Ioan (symbolir hyn gan felystra'r sgrôl), bydd cyhoeddi'r neges ddwyfol i drigolion anghrediniol y ddaear yn rhwym o beri gorthrwm a dioddefaint ymhlith pobl Dduw (cymh. 11: 6-10). Hyd yn hyn bu Ioan yn proffwydo ymhlith ac ynghylch yr eglwysi (1: 11 - 3: 22), ond gelwir arno'n awr i ehangu ei dystiolaeth broffwydol er mwyn cynnwys yr holl ddynolryw – pobloedd a chenhedloedd ac ieithoedd a brenhinoedd lawer (adn. 11).

11: 1-14 **Y Ddau Dyst**

Er nad oes cysylltiad amlwg rhwng yr olygfa ar ddiwedd y ddegfed bennod a'r gorchymyn a dderbynia Ioan (11: 1-2), fe ymddengys mai disgrifiad a geir yn yr unfed bennod ar ddeg o'r hyn a ddigwydd ar ôl i'r gweledydd fwyta'r sgrôl (11: 1-13). Awgryma rhai esbonwyr, yn wir, mai crynodeb o gynnwys y sgrôl – sef amlinelliad o gynllun terfynol Duw – a ddatgelir yn y bennod hon. Cyflwyna'r awdur y cynllun hwn trwy ddarlun o fesuriad y deml (adn. 1-2) ac o dynged y ddau dyst (adn. 3-13), tra mai'r ddolen gyswllt rhwng y ddwy adran yw'r cyfeiriadau symbolaidd at y cyfnod o amser a ragflaena'r Diwedd. Dywed Ioan, gan hynny, y bydd y ddinas sanctaidd yn cael ei sathru gan y Cenhedloedd am *ddeufis a deugain* (adn. 2; cymh. 13: 5-7), tra bydd y ddau dyst yn proffwydo am *ddeuddeg cant a thrigain o ddyddiau* (adn. 3; cymh. 12: 6). Amrywiadau yw'r naill gyfeiriad a'r llall ar yr 'amser ac amserau a hanner amser' (Dan 7: 25; 12: 7; cymh. Dat. 12: 14) a bennir fel y cyfnod penodedig, ond cyfyngedig, o orthrwm a wyneba'r rhai cyfiawn. Ond 'daw'r cwbl i ben pan roddir terfyn ar ddiddymu nerth y bobl sanctaidd' (Dan. 12: 7), sydd, yn ôl Ioan, yn gyfystyr â chyflawniad 'bwriad dirgel Duw' (10: 7) a dyfodiad yr oes newydd.

Ar ôl derbyn corsen fel gwialen fesur, dywedwyd wrth Ioan: *Cod a mesura deml Duw a'r allor a'r addolwyr ynddi* (adn. 1). Ychwanegir, fodd bynnag, ei fod i anwybyddu cyntedd allanol y deml, *oherwydd fe'i rhoddwyd i'r Cenhedloedd, ac fe sathrant hwy'r ddinas sanctaidd am ddeufis a deugain* (adn. 2). Dyma, yn ddiamau, un o ddarluniau mwyaf amwys Llyfr Datguddiad, er gwaethaf y seiliau beiblaidd cadarn sydd i'r darlun o fesur y deml neu'r ddinas. Caiff Eseciel, er enghraifft, weledigaeth o angel yn mesur safle'r deml ar ôl iddi hi gael ei dinistrio er mwyn ei hadeiladu drachefn (40: 1 - 42: 20). Ond gweledigaeth Sechareia o angel yn mesur Jerwsalem (2: 1-5) sydd debycaf i'r ddelwedd yn Llyfr Datguddiad (11: 1-2), oherwydd nid yw'r naill destun na'r llall yn disgrifio'r angel na Ioan yn cyflawni'r weithred o fesur y deml na'r ddinas, tra bod y pwyslais yn y ddau destun ar amddiffyn yn hytrach nag adfer yr hyn a gaiff ei fesur. Yn ôl y gorchymyn a dderbynia Ioan, felly, mae'r cysegr mewnol (Groeg: *naos*), yr allor a'r addolwyr, ond nid cyntedd allanol y deml, i gael eu gwarchod rhag dinistr y Cenhedloedd pan sathrant y ddinas sanctaidd (cymh. Luc 21: 24).

Ai'r deml ddaearol yn Jerwsalem sydd gan Ioan mewn golwg yma, ynteu ai'r bwriad yw cyflwyno darlun symbolaidd neu alegorïaidd o *deml Duw*? Awgryma'r esbonwyr hynny sydd o blaid y dehongliad cyntaf fod y ddwy adnod agoriadol yn deillio o oracl Iddewig a luniwyd ychydig cyn dinistr Jerwsalem yn 70 OC, oracl a fynegai'r gobaith y byddai Duw yn amddiffyn cysegr mewnol y deml yn Jerwsalem. Ond gan fod y Rhufeiniaid wedi dinistrio'r deml yn llwyr tuag ugain mlynedd cyn ymddangosiad Llyfr Datguddiad, ni allai awdur a darllenwyr y llyfr ond cynnig dehongliad symbolaidd o'r deunydd a gofnodir yn adn. 1-2, boed hwnnw'n seiliedig ar oracl ai peidio. Mae'n fwy tebygol, felly, fod y darlun o'r deml, yr allor a'r addolwyr yn ei gyd-destun presennol (adn. 1) yn cynrychioli bywyd ysbrydol y gymuned Gristnogol, y bywyd hwnnw a warchodir (*mesur*) gan Dduw, tra bod cyntedd allanol y deml a'r ddinas sanctaidd (adn. 2) yn symbol o fywyd allanol yr Eglwys wrth i'w haelodau orfod wynebu dioddefaint, a hyd yn oed marwolaeth, yn y byd.

Tra mai offeiriaid Iddewig a addolai yn y cysegr ac a weinyddai gerbron yr allor yn y deml ddaearol, y gair o gysur a dderbynia darllenwyr Llyfr Datguddiad yw y cânt hwythau, fel offeiriaid (1: 6; 5: 10), addoli Duw yn ei bresenoldeb a phrofi gwarchodaeth fewnol ac ysbrydol yr Eglwys. Er gwaethaf eu profiadau allanol o orthrwm ac erledigaeth (12: 17; 13: 7, 15), bydd y credinwyr yn cael eu diogelu gan Dduw, yn unol â'r darlun o'i weision yn derbyn sêl gwarchodaeth ar eu talcennau (7: 1-8). Tua diwedd y llyfr, bydd yr angel sy'n gydymaith i Ioan yn mesur y Jerwsalem newydd (21: 15-17); nid rhannau yn unig a fesurir y tro hwn, ond yr holl ddinas a'i phyrth a'i mur, oherwydd mae'r cyfan yn sanctaidd ac yn perthyn i Dduw.

Er i Ioan dderbyn gorchymyn i fesur y deml (11: 1-2), mae'r ffaith na ddilynir hyn gan ddisgrifiad o'r gweledydd yn cyflawni'r weithred yn peri syndod, yn enwedig o gofio bod Ioan wedi ufuddhau ar ei union i orchmynion eraill a dderbyniodd gan y cynrychiolydd nefol (10: 8-10). Nid yw Ioan yn cynnig unrhyw esboniad ar hyn, dim ond troi'n ddisymwth at y darlun o'r ddau dyst, gan beri i rai esbonwyr ddadlau mai dwy ffynhonnell annibynnol a ddygwyd ynghyd yma (adn. 1-2, 3-13). Serch hynny, pwrpas y naill adran a'r llall yw cynnig naratif symbolaidd o'r digwyddiadau fydd yn arwain at ddiwedd yr oes bresennol.

Cyhoedda Duw y bydd yn rhoi i'w ddau dyst *gennad i broffwydo* am gyfnod penodedig (adn. 3); byddant wedi eu gwisgo mewn sachliain am mai eu pennaf swyddogaeth fydd galw ar drigolion y ddaear i edifarhau. Mae'r cyfeiriad at weithgarwch proffwydol y ddau dyst yn arwyddocaol, oherwydd mae'n ffurfio dolen gyswllt â'r comisiwn a dderbyniodd Ioan ar ddiwedd y bennod flaenorol (10: 11). Yn y naill achos a'r llall pwysleisir mai swyddogaeth proffwyd yw cynnig tystiolaeth gerbron y byd, sydd yn gyfystyr â wynebu dioddefaint a marwolaeth, yn unol â phrofiad Iesu ei hun, y tyst ffyddlon (1: 5; 11: 8). Cyflwynir y ddau dyst, gan hynny, fel esiamplau o dystion proffwydol sydd i'w hefelychu gan aelodau'r Eglwys.

Ond pwy yw'r ddau dyst? Gwnaethpwyd awgrymiadau niferus, gan gynnwys ffigurau o bwys mewn testunau Iddewig eschatolegol (Moses, Elias ac Enoch) a thestunau Cristnogol hanesyddol (yn enwedig Pedr a Paul, a ferthyrwyd yn Rhufain yn ystod teyrnasiad Nero). Y farn unfrydol ymhlith esbonwyr eglwysig cynnar oedd eu bod yn cynrychioli Enoch ac Elias, am eu bod ill dau, yn ôl traddodiadau beiblaidd ac Iddewig, wedi esgyn yn fyw i'r nefoedd (Gen. 5: 24; 2 Bren. 2: 1-11). Awgrym arall, un llawer mwy poblogaidd ymhlith esbonwyr cyfoes, yw mai Moses ac Elias yw'r ddau dyst, nid yn unig o achos y gred bod y ddau wedi esgyn i'r nefoedd (ar esgyniad Moses, gweler Joseffws, *Hynafiaethau* 4: 326), ond ar sail y disgwyl brwd ymhlith Iddewon y byddai Elias (Mal. 4: 5) a'r 'proffwyd fel Moses' (Deut. 18: 15) yn ymddangos drachefn ar ddiwedd yr oes bresennol. Yn ôl un traddodiad mwy diweddar yn llenyddiaeth y rabbiniaid Iddewig, dywed Duw wrth Moses: 'Pan anfonaf y proffwyd Elias, bydd y ddau ohonoch yn ymddangos gyda'ch gilydd' (Deuteronomium Rabbah 3: 17). Ond y dystiolaeth gadarnaf o blaid uniaethu'r ddau dyst ag Elias a Moses yw'r tebygrwydd trawiadol rhwng y gweithredoedd gwyrthiol a briodolir iddynt (adn. 5-6). Er mwyn atal gelynion y ddau dyst rhag gwneud niwed iddynt, *daw tân allan o'u genau* (cymh. 2 Bren. 1: 9-16; Eccles. 48: 1: 'Yna cododd Elias, proffwyd a oedd fel tân, a'i air yn llosgi fel ffagl'). Bydd ganddynt hefyd y gallu *i gau'r nefoedd fel na bydd i law syrthio yn ystod dyddiau eu proffwydo* (cymh. 1 Bren. 17: 1), yn ogystal â'r *awdurdod ar y dyfroedd i'w troi'n waed ac i daro'r ddaear â phob pla mor aml ag y mynnant* (cymh. Ex. 7: 14-25).

Mae'n arwyddocal, fodd bynnag, nad enwir y ddau dyst. Awgryma'r mudandod hwn na ddylid eu huniaethu'n llythrennol â dau ffigur penodol megis Moses ac Elias, ond yn hytrach ystyried y portreadau beiblaidd ac Iddewig o'r ddau broffwyd fel modelau a ddefnyddiwyd gan yr awdur wrth iddo lunio'r naratif am y ddau dyst. Darlun symbolaidd a gyflwynir yma, a cheir awgrymiadau pellach o fewn y naratif nad dau unigolyn yn wir a gynrychiolir gan y ddau dyst, ond cenhadaeth a thystiolaeth broffwydol yr Eglwys gerbron trigolion annuwiol y ddaear.

Cadarnheir natur ddamhegol y naratif pan ychwanega Ioan: *Dyma'r ddwy olewydden a'r ddau ganhwyllbren sy'n sefyll gerbron Arglwydd y ddaear* (adn. 4). Nid oes amheuaeth nad Sechareia 4: 2

yw cefndir priodol y datganiad hwn, oherwydd sonnir yno am ddwy olewydden a saif ar ddwy ochr y ganhwyllbren â saith o lampau arni. Dywed y proffwyd ar ddiwedd y bennod mai'r 'ddau eneiniog sy'n gwasanaethu Arglwydd yr holl ddaear' (Sech. 4: 14) yw'r ddwy olewydden, sef y brenin Sorobabel a'r archoffeiriad Josua (3: 1 - 4: 14; 6: 9-14). Nid benthyg delweddau Sechareia yn unig a wna Ioan, ond eu haddasu er mwyn uniaethu'r ddwy olewydden â dau yn hytrach nag un ganhwyllbren. O ystyried safle ganolog y saith ganhwyllbren aur fel symbol o'r saith eglwys (sef yr Eglwys gyfan) ym mhenodau 2-3, ymddengys mai bwriad yr awdur yw adleisio delweddau'r penodau agoriadol wrth gyflwyno'r ddau dyst (yr Eglwys) fel dau ganhwyllbren, yn ogystal â thanlinellu eu harwyddocâd brenhinol ac offeiriadol fel dwy olewydden (1: 6: 'yn urdd frenhinol, yn offeiriaid i Dduw'). Ond paham mae Ioan yn cyfeirio'n benodol at ddau dyst? Nid cynrychioli rhan o'r Eglwys yn unig a wnant (er enghraifft, y 'ddau ganhwyllbren' Smyrna a Philadelffia, a enwir fel eglwysi ffyddlon), ond yn hytrach yr holl Eglwys, oherwydd mae angen dau dyst er mwyn i'r dystoliaeth gerbron y byd fod yn ddilys ac yn dderbyniol (Deut. 19: 15; Ioan 8: 17).

Bydd gan y ddau dyst awdurdod i ddinistrio'r rhai sy'n faen tramgwydd i'w tystiolaeth a'u proffwydo (adn. 5-6), ond pan ddaw eu hamser i ben a chyflawniad y 1260 o ddyddiau a nodir ar ddechrau'r naratif (adn. 3), *bydd y bwystfil sydd i ddringo o'r pydew diwaelod yn rhyfela yn eu herbyn a'u gorchfygu a'u lladd* (adn. 7). Dyma'r cyfeiriad cyntaf yn Llyfr Datguddiad at y bwystfil a gyfyd o drigfan drygioni, a pharatoad sydd yma ar gyfer y weledigaeth ddramatig ac erchyll ohono ym mhenodau 13 ac 17. Yn wir, cadarnheir y farn mai symbol o genhadaeth yr Eglwys yw'r ddau dyst a gaiff eu lladd gan y bwystfil o achos y cyfeiriadau ato mewn gweledigaethau diweddarach fel yr un a orchfyga'r saint (13: 7) ac a ryfela yn erbyn byddin Crist (19: 19).

Fel canlyniad i weithgarwch treisgar a marwol y bwystfil,

gadewir cyrff y ddau dyst heb eu claddu (cymh. Salm 79: 2-3) *yn strydoedd y ddinas fawr a elwir yn ffigurol yn Sodom a'r Aifft* (adn. 8). Bu cryn drafod ynghylch y ddinas hon, gydag amryw'n awgrymu y dylid ei huniaethu â Jerwsalem, yn enwedig o achos y geiriau: *yno hefyd y croeshoeliwyd eu Harglwydd*. Ond os bwriedir i ddarllenwyr y llyfr, ar un lefel, uniaethu'r ddinas fawr hon â Jerwsalem (cymh. Es. 1: 9-10), fe ymddengys ei bod hi hefyd, fel dinas Sodom a gwlad yr Aifft, yn ddarlun ffigurol o'r gwrthdaro, y llygredigaeth a'r caethiwed nas cyfyngir i Jerwsalem. Bydd rhywrai *o blith pobloedd a llwythau ac ieithoedd a chenhedloedd* yn gorfoleddu o achos marwolaeth y ddau dyst (adn. 9-10), gan droi'r ddinas fawr yn symbol o'r byd, sef cartref y rhai a eilw Ioan yn *drigolion y ddaear*. Darlun ydyw o bob 'dinas' lle mae'r Eglwys yn dwyn tystiolaeth ffyddlon hyd angau, gan gynnwys Rhufain (cyfeirir yn benodol at Rhufain fel 'y ddinas fawr' yn 16: 19; 17: 18; 18: 10, 16, 18, 19, 21).

Yn yr un modd ag y bu i Iesu, *eu Harglwydd*, gael ei groeshoelio yn y ddinas fawr, dilyn ei esiampl ef a wna'r ddau dyst. Ac felly, er i'w cyrff orwedd ar strydoedd y ddinas am *dri diwrnod a hanner* (adn. 9), sef addasiad apocalyptaidd (i gydweddu â'r cyfeiriadau amrywiol yn y llyfr at dair blynedd a hanner) o'r amser y bu Iesu mewn bedd, bydd y ddau dyst – fel Iesu – yn ennill buddugoliaeth dros angau. Am dridiau a hanner wedi marwolaeth y ddau dyst, bydd trigolion y ddaear yn llawenhau ac yn rhannu rhoddion, oherwydd yr oedd eu plâu (adn. 5-6) a'u tystiolaeth yn *boenedigaeth* iddynt (adn. 10). Ond y ddau broffwyd sy'n gorchfygu mewn gwirionedd, a hynny ar gyfrif eu ffyddlondeb hyd angau ac am na all marwolaeth ddinistrio eu tystiolaeth. Yn yr un modd ag y bu iddynt ganlyn Iesu hyd angau, cyfranogant yn awr o'i oruchafiaeth dros angau, oherwydd *daeth anadl einioes oddi wrth Dduw i mewn iddynt; safasant ar eu traed* (adn. 11). Mae'r darlun o atgyfodiad y ddau dyst yn adlais sicr o weledigaeth Eseciel o'r esgyrn sychion (Esec. 37: 10: 'a daeth anadl iddynt ac aethant yn fyw, a chodi ar eu traed yn fyddin gref iawn'), gan beri i orfoledd trigolion y ddaear droi'n ofn mawr.

Clyw y ddau dyst atgyfodedig lais uchel o'r nef yn datgan, *Dewch i fyny yma* (adn. 12; cymh. 4: 1) ac, fel Elias (2 Bren. 2: 11) a Iesu ei hun (Act. 1: 9), cymerir hwy i fyny i'r nef mewn cwmwl. Ar yr union awr *bu daeargryn mawr* yn offeryn cosbedigaeth, oherwydd *syrthiodd y ddegfed ran o'r ddinas a lladdwyd saith mil o bobl* (adn. 13). Trawiadol yw'r disgrifiad hwn o'r rhai sy'n dioddef canlyniadau'r ddaeargryn, oherwydd, yn ôl proffwydi'r HD, degfed ran (Es. 6: 13; Amos 5: 3) neu saith mil o bobl (1 Bren. 19: 18) yn unig fydd yn cael eu gwarchod rhag barnedigaethau Duw, sef y gwrthwyneb i'r rhifau a nodir gan Ioan. Yr awgrym, felly, yw bod cyfran helaeth o drigolion y ddaear (naw rhan o ddeg) yn cael eu hamddiffyn, ac o'r herwydd yn rhoi *gogoniant i Dduw'r nef* (adn. 13). Mae rhoi gogoniant i Dduw yn gyfystyr ag edifeirwch a thröedigaeth y gweddill (cymh. 16: 9: 'nid edifarhasant a rhoi gogoniant iddo'), sef yr unig adran yn Llyfr Datguddiad lle mae cosbedigaeth ddwyfol yn peri i drigolion y ddaear edifarhau. Mae'n bosibl wrth gwrs nad y ddaeargryn yn unig, ond marwolaeth ac atgyfodiad y ddau dyst sy'n gyfrifol am hyn; gall tystiolaeth a gweinidogaeth broffwydol yr Eglwys fod yn offeryn i droi'r cenhedloedd at Dduw.

Cyn disgrifio caniad y seithfed utgorn (adn. 15-19), dywed Ioan: *Aeth yr ail wae heibio; wele'r trydydd gwae yn dod ar fyrder* (adn. 14). Cafwyd egwyl wedi cyhoeddiad yr ail wae (9: 13-21), ac er i Ioan ddatgan yn awr fod y trydydd gwae ar ddyfod, ni chyfeiria o gwbl at amseriad na chyflawniad y gwae hwn yn y naratifau sy'n dilyn. Er ei bod hi'n bosibl fod y trydydd gwae yn digwydd ar yr un pryd â sain y seithfed utgorn (adn. 15-19), mae'n fwy tebygol ei fod yn cwmpasu'r holl blâu a gaiff eu rhyddhau pan arllwysir y saith ffiol (15: 1 - 16: 21) ac yn parhau hyd farnedigaeth Babilon (17: 1 - 19: 8), pan gyhoeddir deirgwaith: 'Gwae, gwae'r ddinas fawr' (18: 10, 16, 19).

11: 15-19 **Y Seithfed Utgorn**

Paratowyd y darllenwyr eisoes ar gyfer y foment pan seinir y seithfed utgorn, oherwydd cyhoeddodd yr angel nerthol y bydd bwriad dirgel Duw yn cael ei ddwyn i ben 'yn nyddiau sain yr utgorn y mae'r seithfed angel i'w seinio' (10: 7). Mae'r adran hon (adn. 15-19), gan hynny, yn ffurfio diweddglo i'r gyfres o weledigaethau am yr utgyrn (8: 1 - 9: 21). Tra mai cyfres o blâu a ddatguddiwyd pan seiniwyd y chwech utgorn cyntaf, nid pla ond dathliad yn yr orseddle nefol a ddatgelir yn awr pan seinir yr utgorn olaf.

Byrdwn y dathliad hwn yw cyflawniad bwriad dirgel Duw (10: 7) a chyhoeddir dyfodiad ei deyrnas mewn cân o fuddugoliaeth gan leisiau nefol: *Aeth brenhiniaeth y byd yn eiddo ein Harglwydd ni a'i Grist ef a bydd yn teyrnasu byth bythoedd* (adn. 15; cymh. 7: 10; 12: 10-12). Dywedir bod y byd daearol, a fu hyd yn awr o dan reolaeth Satan, bellach yn eiddo i Dduw a Christ, a bydd pawb yn cydnabod y frenhiniaeth dragwyddol. Rhagflas yw'r olygfa nefol hon o fuddugoliaeth derfynol Duw a'r Oen, tra mai prif swyddogaeth y gweledigaethau sy'n dilyn, hyd yr ugeinfed bennod, yw cofnodi'r digwyddiadau fydd yn arwain at y fuddugoliaeth honno. Gellid dadlau, felly, mai cyflwyniad i ail hanner Llyfr Datguddiad yw'r adran hon (11: 15-19).

Cyflwynir y pedwar henuriad ar hugain drachefn (adn. 16), ac, fel mewn gweledigaethau eraill, maent yn clodfori ac yn addoli Duw (4: 4, 10). Mae'r pwyslais yn eu cân neu weddi o ddiolchgarwch ar frenhiniaeth Duw fel realiti a gyflawnwyd eisoes (adn. 17-18), sydd yn esbonio paham y defnyddiant y fformiwla ddeublyg yn hytrach na thriphlyg wrth gyfarch Duw; nid oes angen cyfeirio bellach ato fel 'yr hwn sydd i ddod' (1: 4, 8; 4: 8), oherwydd, o safbwynt y weledigaeth nefol hon, mae teyrnas Dduw eisoes wedi cyrraedd yn ei chyflawnder, a dyma a ddethlir gan y corws nefol.

Ar ôl cyhoeddi sefydlu brenhiniaeth Duw, ceir cyfres o

ddatganiadau sy'n esbonio sut y bu i hyn ddigwydd (adn. 8). Berfau yn yr amser gorffennol a ddefnyddir ymhob achos, a hynny er mwyn mynegi'r sicrwydd y bydd brenhiniaeth Duw, sydd eisoes yn realiti yn y nefoedd, yn cael ei chyflawni ar ei ddaear. Mae brenhiniaeth Duw yn seiliedig ar ei weithredoedd o farn ac achubiaeth. Fel canlyniad i lid y cenhedloedd (Salm 2: 1-2; Dat. 19: 19; 20: 9), amlygir digofaint Duw ar ffurf cyfres o gosbedigaethau (6: 1-17; 8: 7 - 9: 19; 15: 1 - 16: 21; 20: 9) a daeth *yr amser i ddinistrio'r rhai sy'n dinistrio'r ddaear,* gan gynnwys y ddraig, y bwystfil a Babilon. Ond tra chosbir yr anghyfiawn, gwobrwyir y cyfiawn, sydd yn adlais o eiriau Crist: 'Rhoddaf i chwi bob un yn ôl eich gweithredoedd' (2: 23).

Ar ôl y dathlu a'r diolch nefol, agorir *teml Duw yn y nef* a gwelir *arch ei gyfamod yn ei deml ef* (adn. 19). Mae dyfodiad y deyrnas yn gyfystyr â derbyn datguddiad cyflawn o bresenoldeb Duw, a symbolir hyn gan yr archdeip nefol o arch ei gyfamod a saif yn y cysegr mewnol. Ond gair o rybudd sy'n cloi'r bennod, oherwydd mae'r ffenomenau a restrir, *fflachiadau mellt a sŵn taranau a daeargryn a chenllysg mawr,* yn arwyddion o bresenoldeb a barnedigaeth ddwyfol. Dyma'r arwyddion a gaiff eu datgelu pan agorir y seithfed sêl (8: 5), pan seinir y seithfed utgorn (11: 19) a phan arllwysir y seithfed ffiol (16: 17-21).

12: 1-17 **Y Wraig a'r Ddraig**

Rhwng y disgrifiad o'r olygfa nefol wedi'r seithfed utgorn (11: 15-19) a'r weledigaeth o'r saith ffiol (15: 1 - 16: 21) ceir tair adran sy'n ffurfio cyfres o ddigwyddiadau eschatolegol fydd yn arwain at ddiwedd yr oes bresennol (y Diwedd). Naratif fytholegol yw'r gyntaf o'r adrannau hyn, ac fe gynrychiola fersiwn arall o'r erledigaeth a gyflwynwyd trwy gyfrwng y darlun o'r ddau dyst (11: 3-13). Canolbwynt y bennod yw'r ddelwedd o wraig yn cael ei herlid gan ddraig (12: 1-6, 13-17), ond rhennir yr olygfa honno yn ddwy ran gan weledigaeth nefol o'r frwydr rhwng y ddraig a'r archangel Mihangel (12: 7-12).

Man cychwyn y bennod yw arwydd nefol, gwraig feichiog *wedi ei gwisgo â'r haul* (adn. 1), a gaiff ei chanlyn gan arwydd arall, sef *draig fflamgoch fawr* a saif o flaen y wraig pan fo hithau ar fin esgor, *er mwyn llyncu ei phlentyn ar ei eni* (adn. 3-4). Mae'r plentyn, fodd bynnag, yn cael ei gipio i'r nefoedd at Dduw, tra bod y wraig yn ffoi i'r anialwch *i'w chynnal ynddo am ddeuddeg cant a thrigain o ddyddiau* (adn. 5-6).

Mae'r adroddiad hwn yn gyforiog o ddelweddau beiblaidd a mytholegol, ac yn brawf pellach o allu arbennig Ioan i ddwyn ynghyd ei dreftadaeth Iddewig a'i wybodaeth o chwedlau paganaidd er mwyn cyfleu drama'r stori Gristnogol. Yn ddiamau, mae'r darlun o ornest rhwng gwraig (symbol o drefn a ffrwythlondeb) a'i gwrthwynebydd (anghenfil megis sarff neu ddraig) er mwyn atal plentyn y wraig rhag meddu awdurdod yn thema gyfarwydd ym mytholeg yr Hen Fyd. Yn ôl y fersiwn Roegaidd o'r myth, ni all y ddraig Python ladd Apolon, mab Zeus, oherwydd llwydda ei fam, y dduwies Leto, i hedfan drwy'r awyr a dianc i ynys Delos; ar ôl ei eni ar yr ynys, mae Apolon yn dychwelyd i Parnassus, yn faban pedwar diwrnod oed, ac yn lladd y ddraig. Ceir fersiynau tebyg o'r un hanes ym mytholeg yr Aifft, Babilon a Chanaan. Gwrthdaro cyffelyb sydd wrth wraidd yr hyn a ddywed Duw wrth y sarff am y wraig a'i had yn Gen. 3: 15: 'Gosodaf elyniaeth hefyd rhyngot ti a'r wraig, a rhwng dy had di a'i had hithau; bydd ef yn ysigo dy ben di, a thithau'n ysigo'i sawdl ef'. Mewn testunau eraill, uniaethir y sarff â Lefiathan, y ddraig yn y môr a ddinistrir gan gleddyf Duw (Es. 27: 1). Awgryma hyn fod Ioan wedi cyfuno delweddau mytholegol ac ysgrythurol er mwyn dehongliad newydd o'r hen wrthdaro rhwng y wraig ac anghenfil yr anhrefn.

Er mwyn deall gwir ergyd y naratif a gyflwyna Ioan, rhaid ceisio canfod pwy yn union a gynrychiola'r wraig. Gwnaethpwyd sawl ymgais mewn esboniadaeth Gristnogol, yn enwedig yn ystod yr Oesoedd Canol, i brofi mai Mair, mam Iesu, yw'r wraig, a thynnwyd sylw yn arbennig at yr adroddiad ynghylch dihangfa'r baban a'i rieni i'r Aifft er mwyn osgoi erledigaeth Herod (Math. 2: 13-15). Mae'n fwy tebygol, er hynny, mai darlun symbolaidd yn hytrach na llythrennol a gyflwyna Ioan o 'enedigaeth' Iesu a'i esgyniad i'r nefoedd (adn. 5). Awgrym arall, felly, yw y dylid uniaethu'r wraig â'r Eglwys, yn enwedig o achos y datganiadau ynghylch y ddraig yn ceisio erlid y wraig ac yn rhyfela yn erbyn gweddill ei phlant (adn. 13, 17). Ond nid yw'r ddamcaniaeth hon heb ei hanawsterau, oherwydd mae'n anodd gweld sut y gall yr Eglwys ar yr un pryd fod yn fam i'r Meseia. Gellir datrys yr anhawster hwn, fodd bynnag, os derbynnir mai symbol ehangach o'r gymuned feseianaidd, gan bwysleisio'r dilyniant rhwng Israel a'r Eglwys, yw'r wraig hon mewn gwirionedd (gweler ymhellach y drafodaeth ar 21: 12-14). Mae hi'n cynrychioli pobl Dduw, gwir Israel, sy'n rhoi genedigaeth i'r Meseia ac i'r Eglwys, yn unol â'r ddelwedd o Seion fel gwraig feichiog sy'n esgor ar genedl Israel (Es. 66: 7-13). Gall hyn esbonio cyfoeth y ddelwedd o'r exodus newydd o fewn y bennod, yn ogystal â symboliaeth feseianaidd *y deuddeg seren yn goron ar ei phen* (adn. 1; cymh. 2: 28; 5: 5).

Nid oes amheuaeth nad cynrychioli Satan a wna'r ddraig (cymh. adn. 9), a llwydda Ioan i greu darlun graffig o bennaeth drygioni drwy gyfuno'r nodweddion a berthyn i sarff Eden a'r noweddion a briodolir i Lefiathan, yr anghenfil lluosben a gyfyd o'r môr (Salm 74: 14). Dywedir bod gan y ddraig fflamgoch *saith ben a deg corn, ac ar ei phennau saith dïadem* (adn. 3), disgrifiad lliwgar o awdurdod a statws y ddraig fel ffynhonnell pob ffurf ar eilunaddoliaeth. Ceir awgrym o gymeriad treisgar y ddraig yn y cyfeiriad at ei chynffon yn ysgubo ymaith *draean o sêr y nef a'u bwrw i'r ddaear* (adn. 4; cymh. Dan. 8: 10).

Prif swyddogaeth y ddraig o fewn yr adran hon yw ceisio lladd a llyncu plentyn y wraig, sef y Meseia. Ceir cadarnhad mai ffigur meseianaidd yw'r plentyn hwn pan gyfeiria'r awdur ato fel yr un *sydd i lywodraethu'r holl genhedloedd â gwialen haearn* (adn. 5; cymh. 19: 15), gan adleisio un o destunau meseianaidd amlycaf yr HD (Salm 2: 7-9: 'Dywedodd [Duw] wrthyf, "Fy mab wyt ti, myfi a'th genhedlodd di heddiw; gofyn, a rhoddaf iti'r cenhedloedd yn etifeddiaeth, ac eithafoedd daear yn eiddo iti; fe'u drylli â gwialen haearn a'u malurio fel llestr pridd".'). Ni lwydda'r ddraig i ladd plentyn y wraig, oherwydd dywed Ioan iddo gael ei gipio *at Dduw a'i orsedd ef* (adn. 5). Er na ddisgrifia'r naratif unrhyw ddigwyddiad rhwng genedigaeth y plentyn a'i ddihangfa nefol (megis ei fywyd a'i atgyfodiad), mae'n debygol mai cyfeiriad symbolaidd sydd yma at esgyniad y Crist atgyfodedig i'r nefoedd a'i ddyrchafiad ar ddeheulaw Duw; dyma adlais, felly, o'r cyfeiriad a wnaethpwyd eisoes at Iesu fel 'y cyntafanedig o blith y meirw' (1: 5), yn ogystal â'i ddatganiad ei hun: 'megis y gorchfygais innau ac yr eisteddais gyda'm Tad ar ei orsedd ef' (3: 21). Mae'n arwyddocaol, er enghraifft, mai'r un ferf Roeg (*hêrpasthê*), a gyfieithir fel *cipiwyd* gan y BCN, a ddefnyddia Paul i ddisgrifio ei esgyniad i'r drydedd nef (2 Cor. 12: 2-3) ac am yr etholedig yn cael eu cipio i fyny yn y cymylau i gyfarfod â Christ adeg ei ailddyfodiad (1 Thes. 4: 17).

Ond parhau ar y ddaear a wna'r wraig, er iddi hithau lwyddo i ddianc i'r anialwch; *yno y mae ganddi le wedi ei baratoi gan Dduw* (adn. 6). Dyma enghraifft amlwg o ddefnydd Ioan o ddelweddau'r exodus newydd, oherwydd adleisia'r modd y bu i Dduw roi lloches i Israel yn yr anialwch (Ex. 15: 22-27; Hos. 2: 14). Bydd y wraig yn cael ei chynnal yno am *ddeuddeg cant a thrigain o ddyddiau*, sef mynegiant, mewn dyddiau, o amserlen gweision Duw cyn y Diwedd. O safbwynt eu gelynion, fodd bynnag, cyfrifir yr un cyfnod symbolaidd-apocalyptaidd mewn misoedd (11: 2; 13: 5) yn hytrach nag mewn dyddiau (11: 3) a blynyddoedd (12: 14).

Try Ioan yn ddisymwth, ac yn bur annisgwyl, o'r ddrama ddaearol i'r olygfa nefol. Ac er nad oes rhaid dehongli geiriad y testun Groeg ar ddechrau adn. 7 i olygu fod yr ornest rhwng Mihangel a'r ddraig yn *dilyn* yr olygfa ddaearol (BCN: *yna*), mae'n bosibl mai bwriad Ioan yw cyflwyno'r frwydr nefol fel canlyniad anochel yr ymgais ofer a wnaeth y ddraig i lyncu'r plentyn gwryw (adn. 5). Rhyfel eschatolegol rhwng daioni a drygioni a ddarlunia'r awdur yn adn. 7-9, a'u cynrychiolwyr yw Mihangel a'i angylion, ar y naill law, a'r ddraig a'i hangylion, ar y llaw arall. Arwydd o safle blaenllaw Mihangel yn yr hierarchaeth nefol yw'r ffaith mai dyma'r unig angel a enwir o fewn y llyfr, ond paham y dewisir ef yn hytrach nag unrhyw archangel arall i ryfela gyda'r ddraig? O gofio bod y pwyslais yng ngolygfa ganolog y bennod hon ar yr ornest rhwng y ddraig a'r wraig, sydd yn symbol o'r wir Israel, gellir ystyried Mihangel fel ei chynrychiolydd nefol, am mai ef, yn ôl amryw o draddodiadau beiblaidd ac Iddewig, yw angel gwarcheidiol Israel (Dan. 12: 1; cymh. 1QM 17: 6, lle cyfeirir at Israel fel 'teyrnas Mihangel'). Ef, felly, sydd yn ennill y fuddugoliaeth, gan sicrhau nad oes lle bellach i'r ddraig a'i hangylion yn y nefoedd.

Canlyniad y frwydr yw bod Duw yn peri i'r ddraig a'i hangylion gael eu bwrw i'r ddaear (adn. 9). Er mwyn ceisio dirnad sut y gallai'r ddraig fod wedi cael mynediad i'r nefoedd o gwbl, rhaid nodi'r modd y mae Ioan yn pentyrru un teitl ar ôl y llall er mwyn pwysleisio mai Satan yw'r ddraig mewn gwirionedd. Mewn amryw o draddodiadau beiblaidd ac Iddewig portreadir Satan fel angel a weithreda fel cyhuddwr y rhai cyfiawn yn y llys nefol (Job 1: 6-12; 2: 1-7; Sech. 3: 1; 1 Enoch 40: 7; ystyr y ferf Hebraeg *sātan* yw 'cyhuddo/gwrthwynebu'). Ar ben hyn, pwysleisia Ioan gymeriad dieflig y ddraig trwy gyfeirio ati fel *yr hen sarff* (Gen. 3; Es. 27: 1), sydd yn awr, megis yng ngardd Eden, yn *dwyllwr yr holl fyd*. Hyd yn oed ar ôl bwrw Satan i'r ddaear, bydd ef, a'i holl bypedau dieflig, yn amlygu ei gymeriad a'i weithredoedd twyllodrus (13: 14; 18: 23; 19: 20; 20: 3).

Yna clyw Ioan lais yn dathlu buddugoliaeth Duw dros Satan, gan gyflwyno esboniad neu ddadansoddiad ar ffurf emyn o arwyddocâd y ffaith bod y ddraig wedi'i bwrw o'r nefoedd (adn. 10-12). Mae ei chwymp yn gyfystyr â *buddugoliaeth a gallu a brenhiniaeth ein Duw ni, ac awdurdod ei Grist ef* (adn. 10; cymh. 11: 15), a *bwriwyd i lawr gyhuddwr ein brodyr, yr hwn sy'n eu cyhuddo gerbron Duw ddydd a nos.* Er na fu paratoad yn y ddeuddegfed bennod ar gyfer y disgrifiad o Satan yn cyhuddo Cristnogion (*ein brodyr*) gerbron Duw, cyhoedda'r corws nefol fod Satan wedi derbyn awdurdod dros dro i brofi teyrngarwch y credinwyr ar y ddaear. Yn wir, mae'r pwyslais yn yr emyn hwn ar oruchafiaeth y merthyron Cristnogol yn hytrach nag ar orchest y rhyfelwyr nefol (Mihangel a'i angylion) dros Satan: *Ond y maent hwy wedi ei orchfygu trwy waed yr Oen a thrwy air eu tystiolaeth, yn ddibris o'u bywyd hyd at angau* (adn. 11). Mae'r datganiad nefol hwn yn cyhoeddi buddugoliaeth yr Oen – trwy gyfrwng ei farwolaeth achubol – dros rym drygioni, ac yn pwysleisio'r cysylltiad annatod rhwng croes Crist a marwolaeth credinwyr; wrth gynnal eu tystiolaeth hyd angau, mae'r merthyron Cristnogol yn canlyn llwybr Iesu yn ei fywyd, ei farwolaeth a'i oruchafiaeth.

Os yw'r ddraig wedi ei bwrw o'r nefoedd, ni all hyn ond arwain at ddwysâd (dros dro) ei gweithgarwch ar y ddaear, sydd yn esbonio geiriau clo yr emyn nefol: *Gwae chwi'r ddaear a'r môr, oherwydd disgynnodd y diafol arnoch yn fawr ei lid, o wybod mai byr yw'r amser sydd ganddo!'* (adn. 12). Mae'r diafol bellach ymhlith trigolion y byd, gan gynnwys pobl Dduw, ac yn llawn dicter am ei fod yn gwybod mai prin yw ei ddyddiau ar y ddaear ac ar y môr (yng ngweithgarwch y ddau fwystfil; cymh. 13: 1-18). Dyma baratoad addas, felly, ar gyfer y gorchwyl o ailgydio yn nelwedd ganolog y bennod o'r ornest rhwng y wraig a'r ddraig (adn. 13-17), oherwydd, pan sylweddola'r ddraig ei bod wedi ei bwrw o'r nefoedd, *aeth i erlid y wraig a esgorodd ar y plentyn gwryw* (adn. 13). Gan na all y ddraig gyffwrdd yn y Meseia croeshoeliedig ac atgyfodedig sydd ar ddeheulaw Duw, fe ganolbwyntia ar erlid y wraig, cymuned y Meseia, er mai derbyn lloches yn yr anialwch a wna hithau am gyfnod penodedig symbolaidd (adn. 14).

Ymhelaethu a wna Ioan yn awr ar y darlun a gyflwynodd cyn iddo droi ei olygon at y frwydr nefol rhwng Mihangel a'r ddraig (adn. 6). Fel y codwyd Israel gan Dduw 'ar adenydd eryrod a'ch cludo ataf fy hun' (Ex. 19: 4), *rhoddwyd i'r wraig ddwy adain eryr mawr er mwyn iddi hedfan i'r anialwch i'w lle ei hun* (adn. 14). Ond nid dyma'r diwedd. Yn yr un modd ag y bu i Pharo, 'y ddraig fawr sy'n ymlusgo yng nghanol ei hafonydd' (Esec. 29: 3), erlid yr Israeliaid a cheisio lladd eu meibion yn nyfroedd yr afon Neil (Ex. 1: 22), *poerodd y sarff o'i genau afon o ddŵr ar ôl y wraig, i'w hysgubo ymaith gyda'r llif* (adn. 15). Anghenfil y pwll dyfrllyd yw'r ddraig-sarff-Satan, a'r dyfroedd yw ei harf amlwg yn erbyn y wraig. Ond pan lynca'r ddaear yr arf hwnnw (cymh. Ex. 15: 12), enynnir llid y ddraig wrth y wraig ac fe â ymaith *i ryfela yn erbyn gweddill ei phlant hi* (yn llythrennol, 'ei had hi'; cymh. Gen. 3: 15). Canolbwyntir yn awr ar aelodau'r Eglwys fel amlygiad o'r gymuned feseianaidd, oherwydd *y rhai sy'n cadw gorchmynion Duw ac yn dal tystiolaeth Iesu* (adn. 17; cymh. 14: 12) yw plant y wraig.

Ac os yw dihangfa a lloches y wraig yn yr anialwch yn symbol o fywyd ysbrydol y gymuned Gristnogol, y bywyd hwnnw na all Satan ei gyffwrdd (gweler y sylwadau ar y ddelwedd o fesur y deml yn 11: 1-2), mae rhyfel y ddraig yn erbyn ei phlant yn cynrychioli profiadau'r gymuned yn ei pherthynas â'r byd o'i hamgylch. Oherwydd, fel y dengys y drydedd bennod ar ddeg, bydd plant y wraig yn dioddef o dan law'r ddau fwystfil, sef offerynnau'r ddraig ar y ddaear a'r môr.

13: 1-18 **Y Ddau Fwystfil**

O ganlyniad i fuddugoliaeth Duw dros Satan, bwriwyd y ddraig o'r nefoedd i breswylio dros dro ar y ddaear (12: 9). Y byd, yn enwedig y gymuned Gristnogol (12: 17), fydd arena gweithgarwch Satan am gyfnod penodedig. Ond mae'r ddraig yn trosglwyddo ei hawdurdod a'i grym i ddwylo dau fwystfil dieflig, sef y bwystfil a gyfyd o'r môr (13: 1-10, 18) a'r bwystfil sy'n dringo allan o'r ddaear (13: 11-17). Hwy fydd yn rhyfela yn erbyn dilynwyr Iesu ar ran y ddraig. Parhau i sôn am y ddraig a wna Ioan ym mrawddeg gyntaf y drydedd bennod ar ddeg (*Ac fe safodd ar dywod y môr*), oherwydd nid oes rhaniad rhwng y ddwy bennod yn y testun gwreiddiol (ffenomen pur ddiweddar yw'r arfer o rannu testun beiblaidd i benodau ac adnodau). Ceir yma ddarlun o'r ddraig yn sefyll ar y tywod ac yn galw ar y cyntaf o'i hofferynnau satanaidd i godi o'r môr.

Gwêl Ioan, felly, *fwystfil yn codi o'r môr* (adn. 1). Dyma'r un y cyfeiriwyd ato eisoes fel 'y bwystfil sydd i ddringo o'r pwll diwaelod (*abyssos*)' (11: 7), oherwydd gall y gair Groeg abyssos ddynodi'r anhrefn a'r dyfnder mawr (LXX Gen. 1: 2; 7: 11). Nid yw'n syndod, gan hynny, fod Lefiathan, anghenfil amlben a chyntefig y môr (Salm 74: 14), wedi cyfrannu at ddarlun Ioan o'r bwystfil cyntaf, yr un a chanddo saith ben. Ond mae'r olygfa hon wedi'i modelu hefyd ar weledigaeth Daniel o'r pedwar bwystfil a gyfyd o'r môr (7: 1-8), yn enwedig y cyfeiriad at *ddeg corn* y bwystfil a'r disgrifiad ohono'n *debyg i lewpart, ond ei draed fel traed arth a'i enau fel genau llew* (adn. 2). Cynrychioli pedair ymerodraeth fawr y byd a wna'r pedwar bwystfil yng ngweledigaeth Daniel: llew a chanddo adenydd eryr (Babilon), arth a thair asen yn ei safn (Media), llewpart a phedair adain a phedwar pen (Persia), a'r pedwerydd bwystfil arswydus a chanddo ddannedd o haearn a deg o gyrn (Groeg, teyrnas y Seleuciaid ar ôl marwolaeth Alecsander Fawr). Mae cyrn y pedwerydd bwystfil yn symbol o ddeg brenin a deyrnasodd cyn Antiochus Epiffanes IV, sef y 'corn bychan arall' (Dan. 7: 8, 24) a fu'n erlid yr Iddewon ac a anrheithiodd eu teml yn 167 CC. Ond cyfuno nodweddion y pedwar creadur a wna'r bwystfil yn Llyfr Datguddiad (saith ben, er enghraifft, yw cyfanswm pennau'r bwystfilod), er mwyn creu darlun cyfansawdd o un ymerodraeth benodol fel yr ymgorfforiad eithaf o drais, gorthrwm a drygioni.

O ystyried dyddiad Llyfr Datguddiad (tua degawd olaf y ganrif gyntaf) a'r amrywiol gyfeiriadau cynnil a wneir yn y testun at ffigurau a sefydliadau gwleidyddol y cyfnod, mae'n amlwg mai amcan Ioan yn y weledigaeth hon yw cyflwyno'r persbectif nefol ar Ymerodraeth Rufain er mwyn datgelu gwir gymeriad yr ymerodraeth honno. Symbol o rym gwleidyddol a milwrol yr Ymerodraeth yw'r bwystfil cyntaf, yr un sydd fel petai'n codi o gyfeiriad yr Eidal o safbwynt y gweledydd hwn a saif ar lan y môr yn ynys Patmos. Ond ar ben hynny, grym satanaidd sydd wrth wraidd yr Ymerodraeth Rufeinig yn ôl Ioan, oherwydd nid yn unig y mae'r bwystfil yn meddu'r un priodoleddau â'r ddraig (saith ben a deg corn; cymh. 12: 3; 13: 1), ond fe rydd y ddraig *ei gallu a'i gorsedd ac awdurdod mawr* i'r bwystfil (adn. 2). Ymgorfforiad daearol o rym y drygioni dieflig yw'r bwystfil a gyfyd o'r môr.

Un o nodweddion arbennig y weledigaeth hon yw'r modd y llwydda Ioan i weu elfennau mytholegol a hanesyddol yn gelfydd â'i gilydd. Nid oes amheuaeth, er enghraifft, nad yw'r cyfeiriad at saith ben y bwystfil yn ddyledus i'r traddodiadau cynnar ynghylch Lefiathan ac i ddarlun Llyfr Daniel o'r pedwar bwystfil (a chanddynt saith o bennau i gyd). Ond, ar ben hyn, anogir darllenwyr y llyfr i ddehongli saith o bennau'r bwystfil fel cyfeiriad at saith ymerawdwr Rhufeinig (gweler 17: 9), oherwydd y strwythur ymerodrol cyfan, yn hytrach nag un brenin, a gynrychiolir gan y bwystfil hwn.

Cyfuno'r mytholegol a'r hanesyddol yn ogystal yw pwrpas y cyfeiriad at yr *enw cableddus* sydd ar bob un o bennau'r bwystfil (adn. 1; cymh. adn. 5). Ar lefel hanesyddol, mae'r enwau hyn yn cynrychioli'r amrywiol deitlau dwyfol a hawliodd rhai o ymerawdwyr Rhufain yn ystod y ganrif gyntaf OC ('Mab Duw', 'Arglwydd', 'Duw'). Yn achos Iwl Cesar, Awgwstws a Clawdiws, cyhoeddwyd eu bod yn dduwiau yn fuan ar ôl eu marwolaeth, ond defnyddiodd Fespasian a Titus y teitl *divus* (duw) ar eu ceiniogau tra'r oeddent dal yn fyw. Ar ben hyn, portreadwyd Nero ar ei geiniogau fel y duw Apolon a'r duw Helios, a mynnodd Domitian ei fod i gael ei gyfarch gan ei ddeiliaid fel 'ein Harglwydd a'n Duw' (Suetonius, *Domitian*, 13: *dominus et deus noster*).

Ond ar lefel apocalyptaidd-mytholegol, mae'r cyfeiriad at enwau cableddus y bwystfil yn cadarnhau mai ef, yn ôl Ioan, yw'r Anghrist, cynrychiolydd Satan yn y byd. Un o brif nodweddion yr Anghrist yn ôl amryw o draddodiadau Iddewig a Christnogol yw ei fod yn hawlio dwyfoldeb (cymh. 2 Thes. 2: 4 'Dyma'r gwrthwynebydd [dyn anghyfraith, mab colledigaeth] sy'n ymddyrchafu yn erbyn pob un a elwir yn dduw neu sy'n wrthrych addoliad, nes eistedd ei hunan yn nheml Duw, gan gyhoeddi ei fod ef ei hun yn dduw'). Nid enwau cableddus y bwystfil yn unig a awgryma ei fod yn cynrychioli'r Anghrist yn Llyfr Datguddiad, oherwydd fe'i portreadir ar sawl lefel fel parodi o'r Oen (y Crist), cynrychiolydd Duw: i) rhydd y ddraig 'ei gallu a'i gorsedd ac awdurdod mawr' i'r bwystfil (13: 2, 4), tra bod Iesu yn cyfranogi o allu, gorsedd ac awdurdod Duw (5: 21; 12: 10); ii) mae trigolion y ddaear yn addoli'r bwystfil (13: 4), yn yr un modd ag y mae'r trigolion nefol yn addoli'r Oen (5: 21); iii) mae gan y bwystfil ddeg dïadem (13: 1), ac ar ben Crist mae 'dïademau lawer' (19: 12).

Enghraifft arall o ymgais Ioan i gyflwyno'r bwystfil fel parodi satanaidd o Grist yw'r datganiad canlynol: *Yr oedd un o'i bennau fel pe bai wedi cael ergyd farwol, ond yr oedd ei glwyf marwol wedi ei iacháu* (adn. 3). Nid anaf a iachawyd sydd gan yr awdur mewn golwg yma, ond clwyf marwol a wellhawyd er mwyn i'r 'pen' ddod yn fyw drachefn. Cadarnheir hyn pan ddywedir mai dyma'r '*bwystfil a glwyfwyd â'r cleddyf ac a ddaeth yn fyw* (adn. 14). Golyga hyn fod Ioan, mewn ymgais i batrymu tynged y bwystfil ar farwolaeth ac atgyfodiad Iesu, yn cyflwyno iachâd y clwyf yn nhermau atgyfodiad o farwolaeth. Mae'r gyfatebiaeth hyd yn oed yn fwy trawiadol yn y testun Groeg, oherwydd defnyddir yr un ymadrodd i ddisgrifio ergyd farwol y bwystfil (13: 3: *hôs esphagmenên*) ag a ddefnyddir am yr Oen 'fel un wedi ei ladd' (5: 6: *hôs esphagmenon*). Ond sut y gall un o bennau'r bwystfil fod yn barodi ar Grist? Er mai un pen a gafodd ergyd farwol, mae iachâd y pen hwnnw yn peri i'r bwystfil cyfan 'ddod yn fyw' ac i'r holl fyd fynd ar ei ôl yn llawn rhyfeddod (adn. 3). Mewn geiriau eraill, mae'r un pen a glwyfwyd ac a iachawyd yn fynegiant ynddo'i hun o gymeriad y bwystfil, sydd yn esbonio paham mae Ioan yn ddiweddarach yn gallu priodoli'r clwyf marwol a'i iachâd i'r bwystfil ei hun (13: 12, 14).

Os derbynnir mai saith o ymerawdwyr Rhufeinig a gynrychiolir gan saith pen y bwystfil, a yw'n bosibl cysylltu'r pen a glwyfwyd ac a iachawyd ag un ymerawdwr penodol? Er i rai esbonwyr uniaethu'r pen hwn â Caligula, o achos ei adferiad ar ôl salwch difrifol (cymh. Suetonius, *Caligula*, 14), ni all hyn esbonio'r pwyslais yn y weledigaeth ar adfywiad y pen. O gofio hefyd mai prif weithgarwch y bwystfil yw rhyfela yn erbyn y saint (adn. 7), un ymerawdwr penodol oedd yn dra adnabyddus fel arch-erlidiwr y Cristnogion, sef Nero. Teyrn creulon oedd hwn yn ôl y dystiolaeth Gristnogol, Iddewig a chlasurol amdano. Yr oedd hefyd yn amhoblogaidd ymhlith ei ddeiliaid, a phan ddiorseddwyd ef gan y Senedd ym Mehefin 68 OC, fe'i lladdodd ei hun â chleddyf mewn ogof yn Rhufain (Suetonius, *Nero*, 49). Yn sicr, yr oedd marwolaeth Nero (= y pen) yn gyfystyr ag ergyd farwol i rym yr Ymerodraeth (= y bwystfil), oherwydd cafwyd blwyddyn ansefydlog o ryfela ffyrnig, a phedwar ymerawdwr, rhwng 68 a 69 OC.

Yn y cyfamser, aeth y si ar led nad oedd Nero wedi marw mewn gwirionedd, ond ei fod wedi dianc at ei gyfeillion yn nhiriogaethau Parthia yn y dwyrain ac yn disgwyl ei gyfle i ddychwelyd er mwyn dial ar Rufain a chipio'r orsedd (Suetonius, *Nero*, 57). Dyma a adwaenir fel chwedl dychweliad Nero (*Nero redituris*), a dywedir bod o leiaf tri gau-Nero wedi ymddangos yn Rhufain rhwng 69 ac 88 OC (gweler Tacitus, *Hanes*, 1: 2; 2: 8-9). Yn ddiweddarach, datblygodd y gred nad dychwelyd o'r dwyrain a wnai Nero, ond codi o'r bedd yn fyw drachefn (*Nero redivivus*). Ceir olion o hyn mewn amryw o destunau Iddewig a Christnogol, lle portreadir y Nero atgyfodedig yn ddieithriad fel yr ymgnawdoliad o Satan neu Beliar (gweler *Esgyniad Eseia* 4: 1-4, sy'n dyddio o ddechrau'r ail ganrif OC). Fe ymddengys mai'r un fersiwn o'r chwedl hon a adlewyrchir yn Llyfr Datguddiad, pan ddywed Ioan fod y clwyf marwol ar un o bennau'r bwystfil wedi ei iacháu (13: 3; gweler hefyd y sylwadau ar 17: 11). Cefnogir hyn ymhellach gan y cyfeiriad at y cleddyf a glwyfodd y bwystfil (13: 14), oherwydd dyma'r arf a ddefnyddiodd Nero pan gymerodd ei fywyd ei hun.

Mae adfywiad y bwystfil yn rhyfeddu'r 'holl fyd', ac yn peri i drigolion y ddaear addoli'r ddraig a'r bwystfil (adn. 3-4). Mae eu geiriau, *Pwy sydd yn debyg i'r bwystfil, a phwy all ryfela yn ei erbyn ef?*, yn barodi bwriadol ar y gyffes Iddewig mai Duw digymar yw Duw Israel (Ex. 15: 11: 'Pwy ymhlith y duwiau sy'n debyg i ti, O Arglwydd?'). Mae'r Ymerodraeth yn gadarn a llewyrchus, ac yn peri i'w deiliaid ddangos eu teyrngarwch i'r cwlt ymerodrol drwy addoli'r ymerawdwyr (y bwystfil) a duwiau Rhufain. Yng ngolwg Ioan, wrth gwrs, symbol o orthrwm gwleidyddol a chrefyddol yw'r bwystfil, ac, yn fwy na dim, ymgorfforiad o rym dieflig Satan. Fodd bynnag, er mai'r ddraig sy'n rhoi awdurdod i'r bwystfil, awgryma'r defnydd o'r goddefol yn adn. 5 (*rhoddwyd i'r bwystfil enau i draethu ymffrost a chabledd*) mai Duw sy'n rheoli'r hyn a ddigwydd ar y ddaear mewn gwirionedd. Ef yw awdur barn ac achubiaeth, y da a drwg. Bydd Duw yn caniatáu i'w wrthwynebydd 'deyrnasu' yn y byd am gyfnod penodedig (*deufis a deugain*), sydd yn cyd-daro â chyfnod sathru'r ddinas sanctaidd (11: 2) a chenhadaeth broffwydol y ddau dyst (11: 3)

Yn ystod y cyfnod hwn bydd y bwystfil yn cablu yn erbyn

Duw a'i bobl (adn. 6: *ei breswylfa ef*; cymh. 21: 3) ac yn derbyn yr hawl i *ryfela yn erbyn y saint a'u gorchfygu hwy* (adn. 7). Ond chwarae ar eiriau a wna Ioan wrth ddefnyddio'r gair 'gorchfygu' i ddisgrifio'r bwystfil yn erlid y Cristnogion. O safbwynt daearol, y bwystfil sy'n gorchfygu trwy ladd y saint, ond, o safbwynt nefol, y merthyron sy'n ennill goruchafiaeth trwy roi tystiolaeth ffyddlon hyd angau (5: 5-6; 12: 11). Mae Ioan yn cynnal y gwrthgyferbyniad rhwng y daearol a'r nefol pan ddywed y bydd holl drigolion y ddaear yn addoli'r bwystfil, sef *pob un nad yw ei enw'n ysgrifenedig yn llyfr bywyd yr Oen a laddwyd er seiliad y byd* (adn. 8; gweler 3: 5). Er i'r awdur gyfeirio'n ddiweddarach at addolwyr y bwystfil fel 'y rhai nad yw eu henwau'n ysgrifenedig yn llyfr y bywyd er seiliad y byd' (17: 8), pwysleisir yma mai marwolaeth yr Oen a fu'n rhan o gynllun achubol Duw o'r dechreuad. Os felly, disgwylir i'r credinwyr ganlyn llwybr yr Oen a derbyn eu tynged pan wynebant erledigaeth y bwystfil: *A gaethiwir, a gaethiwir. A leddir â'r cleddyf, a leddir â'r cleddyf* (adn. 10; cymh. Jer. 15: 2). Dioddefaint a merthyrdod, gan hynny, yw *sail dyfalbarhad a ffydd y saint*.

Mae ail hanner y bennod yn canolbwyntio ar weledigaeth Ioan o'r ail fwystfil (adn. 11-17). Os yw'r bwystfil cyntaf wedi'i fodelu'n rhannol ar Lefiathan, mae'r bwystfil arall, sydd *yn dringo allan o'r ddaear*, yn ein hatgoffa o Behemoth, y bwystfil a ddaw o'r anialwch. Yn ôl un traddodiad Iddewig, creodd Duw ddau fwystfil ar y pumed dydd (Gen. 1: 21) ac yna eu gwahanu, er mwyn i'r naill fyw yn y môr a'r llall ar y tir (4 Esra 6: 49-52). Fe berthyn arwyddocâd pellach, er hynny, i'r cyfeiriad at y ddaear fel trigfan yr ail fwystfil, oherwydd ei swyddogaeth ef yw hyrwyddo addoliad y bwystfil cyntaf ymhlith trigolion y ddaear (adn. 12, 14-17). Os yw'r bwystfil o'r môr yn cynrychioli grym yr Ymerodraeth Rufeinig, mae'r ail greadur yn symbol o'r sefydliadau hynny a fu'n cynnal y cwlt ymerodrol yn nhaleithiau'r Ymerodraeth, yn enwedig yn Asia Leiaf. Ceir nifer o gyfeiriadau cynnil at eilunaddoliaeth yn y llythyrau at y saith eglwys; cymunedau yw'r rhain a leolwyd mewn dinasoedd oedd yn llawn temlau a gysegrwyd i dduwiau ac i ymerawdwyr fel Awgwstws a Domitian (gweler y drafodaeth ar benodau 2-3). Yn yr ardaloedd hyn hefyd y darganfuwyd nifer o gerfluniau o offeiriaid yn gwisgo coronau ac arnynt ddarluniau o ymerawdwyr Rhufeinig wedi'u dwyfoli. Mae tystiolaeth archaeolegol o'r fath yn gadarnhad pellach mai symbol yw'r ail fwystfil o strwythurau a chynrychiolwyr y cwlt ymerodrol oedd yn annog trigolion Asia Leiaf i addoli'r ymerawdwyr fel bodau dwyfol.

Pwysleisia Ioan mai grym satanaidd yw'r ail fwystfil, fel y cyntaf. Dywedir bod ganddo *ddau gorn fel oen*, sydd o bosibl yn barodi ar y darlun o dystiolaeth ffyddlon y gymuned Gristnogol (cymh. 11: 3), ond datgelir ei wir natur gan yr hyn a ddywed, oherwydd mae'n *llefaru fel draig* (adn. 11). Wrth gwrs, awdurdod y ddraig neu Satan sydd yn ei feddiant, oherwydd mae ganddo *holl awdurdod y bwystfil cyntaf, i'w arfer ar ei ran*. Ei swyddogaeth yw annog trigolion y ddaear, trwy gyfrwng ei eiriau twyllodrus, i addoli'r bwystfil cyntaf, yr Anghrist (adn. 12), ond mae addoli'r bwystfil hwn yn gyfystyr ag addoli'r ddraig (cymh. adn. 3-4). Fe ymddengys, felly, mai'r bwriad yw cyflwyno'r ddraig (Satan), y bwystfil cyntaf (yr Anghrist) a'r ail fwystfil (y gau-broffwyd) fel triawd satanaidd a gais gystadlu â'r Tad, y Mab a'r Ysbryd (cymh. 16: 13). Yn yr un modd ag y mae'r bwystfil cyntaf yn barodi o Grist, mae'r ail yn barodi o dystiolaeth yr Eglwys a arfogir trwy rym yr Ysbryd.

Rhydd Ioan sylw arbennig i weithgarwch yr ail fwystfil (adn. 13-16). Gau-broffwyd ydyw yn anad dim arall (cymh. 16: 13; 19: 20; 20: 10), oherwydd llwydda i annog pobl i addoli'r bwystfil cyntaf drwy gyflawni *arwyddion mawr* (adn. 13; cymh. 19: 20). Mae ei allu i *beri hyd yn oed i dân ddisgyn o'r nef i'r ddaear* yn brawf o'i statws fel gau-broffwyd, gan ei fod yn ceisio efelychu gweithredoedd y proffwyd Eleias a'r ddau dyst ffyddlon (11: 5-6). Trwy gyfrwng yr 'arwyddion' hyn, mae pobl yn cael eu twyllo i wneud delw o'r bwystfil cyntaf (adn. 14). Cyfeiriad sydd yma at yr arfer o osod cerfluniau o ymerawdwyr Rhufeinig mewn temlau, ond pwysleisir hefyd mai erledigaeth ac angau yw tynged y rhai sy'n gwrthod addoli delw'r bwystfil (adn. 15).

Fel arwydd o deyrngarwch trigolion y ddaear i'r bwystfil, mae disgwyl i bob un ohonynt dderbyn *nod ar ei law dde neu ar ei dalcen* (adn. 16). Dyma barodi pellach ar ddarlun Ioan o'r berthynas rhwng Duw a'r Eglwys. Tra bod sêl y Duw byw ar dalcennau ei weision teyrngar yn arwydd o'i berchnogaeth ohonynt ac o'r ffaith y cânt eu gwarchod a'u hachub gan Dduw (7: 5-8; 14: 1), mae'r rhai sydd wedi derbyn nod y bwystfil yn ymlynu wrth Satan a'r Anghrist, ac yn gorfod wynebu canlyniadau'r dewis hwnnw pan ddaw'r gorthrymder mawr. Manteision dros dro yn unig a fwynheir gan y rhai sy'n weision i'r bwystfil; gallant elwa yn fasnachol (*prynu neu werthu*) wrth fod yn deyrngar i'r Ymerodraeth ac yn agored i eilunaddoliaeth, ond anogir gweision Duw rhag cyfaddawdu yn y fath fodd (gweler penodau 2-3).

Ond beth yw'r cysylltiad rhwng nod y bwystfil a'r rhif symbolaidd 666 a ddatgelir ar ddiwedd y weledigaeth (adn. 18)? Bu trafod helaeth ers canrifoedd lawer ar arwyddocâd y rhif hwn, a gwnaethpwyd llu o awgrymiadau ynghylch ei union ystyr. O ddarllen y testun yn ofalus, gellir canfod amryw o ddatganiadau sydd o gymorth wrth geisio dadansoddi'r rhif. Dywedir, er enghraifft, mai *enw'r bwystfil neu rif ei enw* ydyw (adn. 17) ac mai *rhif dyn ydyw* (adn. 18). Mae'r cysylltiad a wneir yma rhwng enw a rhif y bwystfil yn awgrymu bod yr awdur yn gwneud defnydd o dechneg a elwir yn *gematria*, sef yr arfer, oedd yn arbennig o boblogaidd ymhlith yr Iddewon, o briodoli gwerth rhifol i bob llythyren yn y wyddor Roeg a Hebraeg (*a* = 1, *b* = 2, ac yn y blaen). Mae'n drawiadol, felly, mai gwerth rhifol y gair Groeg am 'bwystfil' (*thêrion*) pan gaiff ei drawslythrennu i lythrennau Hebraeg yw 666.

Ond fe ddywed Ioan, yn ogystal, mai *rhif dyn* yw rhif y bwystfil, a bu hyn yn symbyliad i genedlaethau o esbonwyr geisio uniaethu rhif y bwystfil ag un ffigur hanesyddol penodol. O ystyried y cysylltiad agos rhwng un o saith pen y bwystfil (y pen a gafodd ergyd farwol ond a ddaeth yn fyw) a'r chwedl am ailymddangosiad Nero, yn ogystal â'r ffaith fod Ioan fel petai'n uniaethu'r pen unigol hwn â'r bwystfil cyfan (adn. 12, 14; cymh. 17: 8-11), i ba raddau y gellir cysylltu'r rhif 666 â'r ymerawdwr Nero? Unwaith eto, os trawslythrennir y geiriau Groeg *Nerôn Caisar* ('yr Ymerawdwr Nero') i lythrennau Hebraeg, gwerth rhifol y teitl hwn yw 666. Mae'n rhaid cofio, fodd bynnag, mai'r cytseiniaid Hebraeg yn unig a gaiff eu cyfrif mewn gematria, tra mai cytsain hefyd yw'r llythyren Hebraeg sy'n cyfateb i *ô*. Gellir dadansoddi gwerth rhifol y teitl Nerôn Caisar fel a ganlyn:

n (= 50) + *r* (= 200) + *ô* (= 6) + *n* (= 50) + *c* (= 100) + *s* (= 60) + *r* (= 200) = 666.

Mae'r dechneg hon, a ddibynna ar drawslythreniad o eiriau Groeg i lythrennau Hebraeg, yn awgrymu mai rhif dirgel a luniwyd gan Iddewon neu gan Gristnogion o dras Iddewig yw 666 (Anghrist = Nero), a hynny rai degawdau cyn ymddangosiad Llyfr Datguddiad. O achos dull cynnil Ioan o gyflwyno'r rhif 666, fe ymddengys fod ei ddarllenwyr eisoes yn gyfarwydd â'r dadansoddiad rhifol hwn. Yn wir, er nad oedd disgwyl i Gristnogion o dras cenhedlig fod yn hyddysg mewn Hebraeg, ni fyddai hyn yn eu rhwystro rhag deall ystyr rhifau symbolaidd neu ymadroddion a fathwyd gan genhedlaeth flaenorol o Gristnogion o dras Iddewig (cymh. y defnydd a wna Paul o'r ymadrodd Aramaeg *Marana tha* yn 1 Cor. 16: 22). Ar ddiwedd y bennod hon, atgoffir y darllenwyr drachefn mai'r Nero hanesyddol ac atgyfodedig yw'r mynegiant eithaf o gymeriad treisgar, gormesol a dieflig yr Ymerodraeth Rufeinig. Dyma'r bwystfil a gyfyd o'r môr.

14: 1-5 **Cân y 144,000**

Mewn gwrthgyferbyniad llwyr i'r darlun o'r bwystfilod satanaidd fu'n teyrnasu ar y môr (13: 1) a'r tir (13: 11), mae Ioan yn awr yn derbyn gweledigaeth o'r uchelfannau, lle saif yr Oen a'r rhai ffyddlon a achubwyd gan Dduw (14: 1-5). Nid gorthrwm ac erledigaeth eu gelynion daearol a wyneba Cristnogion bellach, oherwydd cyflwyna Ioan ddarlun llawn gobaith o'r credinwyr wedi ymgynnull gyda'r Oen dyrchafedig ar *Fynydd Seion* (adn. 1; cymh. 20: 9). Cysylltir y mynydd hwn yn draddodiadol â Jerwsalem, oherwydd dyma drigfan gogoniant Duw (Es. 24: 23; Joel 3: 21) a'r man lle gesyd Duw ei frenin (Salm 2: 6). Am iddynt wrthsefyll twyll y bwystfil a gwrthod ei nod a'i enw (13: 16-18), safant yn fuddugoliaethus gyda'r Oen, *a'i enw ef ac enw ei Dad wedi eu hysgrifennu ar eu talcennau* (cymh. 3: 12).

Agwedd arall ar y frwydr gosmig rhwng Duw a Satan a gyflwynir yn y bennod hon, a chanlyniad anochel y frwydr honno yw bod yn rhaid i bawb ddewis rhwng y da a'r drwg, rhwng Crist a'r Anghrist. Anogir darllenwyr y llyfr, gan hynny, i gydnabod eu bod hwythau'n byw ynghanol y frwydr hon, tra bod y gyfres o weledigaethau a gofnodir yma (14: 1-5, 6-13, 14-20) yn eu paratoi ar gyfer canlyniadau'r frwydr. Mae yma alwad arnynt i ddyfalbarhau, oherwydd ni bydd Duw yn cefnu ar y rhai ffyddlon nac ychwaith yn caniatáu i ddrygioni ennill buddugoliaeth derfynol.

Nid dyma'r tro cyntaf i Ioan gyflwyno rhif dilynwyr yr Oen (cymh. 7: 1-8), ond, fel y nodwyd eisoes, rhif symbolaidd yn hytrach na llythrennol yw'r *cant pedwar deg a phedair o filoedd* i gynrychioli holl bobl Dduw, yn hytrach na chyfran ohonynt yn unig. Ar ôl clywed llais o'r nef megis llawer o ddyfroedd a tharan fawr, fe glyw Ioan ddilynwyr yr Oen, sef y wir Israel *oedd wedi eu prynu'n rhydd oddi ar y ddaear*, yn ymuno â'r llais *fel sain telynorion yn canu eu telynau* yn yr orseddle nefol i ganu cân (adn. 2-3). Mae'r cyfeiriad at *gân newydd* yn atgoffa'r darllenwyr o'r olygfa lle disgrifir y trigolion nefol yn canu cân o fawl i'r Oen sydd wedi prynu â'i waed rywrai 'o bob llwyth ac iaith a phobl a chenedl' er mwyn iddynt wasanaethu Duw (5: 9-10). Ond mae'r gân hon, ar yr un pryd, yn baratoad ar gyfer y gân a genir gan 'orchfygwyr y bwystfil' sy'n dal telynau Duw (15: 2-4). Mae'r gân yn newydd am ei bod hi'n clodfori gwaith achubol yr Oen, a dim ond y sawl sydd wedi elwa o effeithiau marwolaeth Crist all ddysgu'r gân.

Ceir disgrifiad pellach o statws a swyddogaeth y 144,000 yng ngweddill y weledigaeth hon (adn. 4-5). Dywedir, yn y lle cyntaf, nad ydynt wedi eu *halogi eu hunain â merched, oherwydd diwair ydynt* (adn. 4). Dyma un o adnodau mwyaf dadleuol Llyfr Datguddiad, ac fe'i dyfynnwyd ar fwy nag un achlysur i brofi mai ffigurau gwrywaidd yn unig a ystyriwyd fel dilynwyr yr Oen. Serch hynny, mae'n rhaid cadw mewn cof mai rhif symbolaidd i ddynodi holl bobl Dduw yw 144,000, ac nid oes unrhyw adran arall yn y llyfr yn awgrymu na ddylid cynnwys aelodau benywaidd ymhlith y rhai etholedig.

Mae'n fwy tebygol, yn wir, fod y darlun hwn o ddilynwyr diwair yr Oen wedi'i ddylanwadu gan draddodiadau beiblaidd ac Iddewig ynghylch y paratoadau a ystyriwyd yn angenrheidiol ar gyfer y rhyfel sanctaidd. Yr oedd disgwyl i filwyr Israel ymatal rhag cyfathrach rywiol cyn brwydr, oherwydd yr oedd presenoldeb Duw gyda'r milwyr yn golygu bod yn rhaid cadw'r gwersyll yn sanctaidd (Deut. 23: 9-14; 1 Sam. 21: 5-6). Portreadir dilynwyr yr Oen ar Fynydd Seion, felly, fel milwyr sanctaidd, ond mae'r frwydr hon yn arwydd o'u hymrwymiad i Dduw ac i'r Oen, a'u harfau rhyfel yw dyfalbarhad, tystiolaeth a theyrngarwch i Grist. Tra bod trigolion y ddaear, a hyd yn oed rhai o aelodau'r saith eglwys, yn cael eu swyno gan eilunaddoliaeth (a gysylltir â'r cwlt ymerodrol), sydd yn 'odineb' (2: 14, 20-22) ac yn 'aflendid' (3: 4), mae dilynwyr 'diwair' yr Oen wedi ennill buddugoliaeth am iddynt wrthod addoli'r bwystfil. Golyga hyn nad yw Ioan fel y cyfryw yn ystyried gwragedd fel bodau halogedig. Yn wir, mewn adrannau eraill gall bortreadu'r gymuned Gristnogol fel gwraig sydd yn esgor ar blant (12: 17) ac fel priodferch ar ddydd ei phriodas (19: 7-9; 21: 2, 9).

Symbol o bobl Dduw, gan hynny, yw'r rhai a saif ar Fynydd Seion, a phatrwm ydynt o'r ymroddiad a ddisgwylir gan holl ddilynwyr (gwrywaidd a benywaidd) yr Oen. Dyma paham y dywedir bod y fyddin hon yn *dilyn yr Oen i ble bynnag yr â ac yn flaenffrwyth i Dduw ac i'r Oen* (adn. 4). Tra ystyriwyd yr ysgybau cyntaf o ŷd fel blaenffrwyth i'w gysegru i Dduw ac fel arwydd o'i hawl dros yr holl gynhaeaf (Ex. 23: 19; Lef. 23: 9-14), mae'r disgrifiad o fyddin yr Oen fel blaenffrwyth yn gosod y cywair priodol ar gyfer y darlun o Grist yn medi'r cynhaeaf aeddfed (14: 14-16). Mae Ioan yn cynnal ei ddarlun o burdeb a gonestrwydd pan ychwanega na *chafwyd celwydd yng ngenau* dilynwyr yr Oen (adn. 5), ac yn parhau'r ddelwedd aberthol pan ddywed eu bod hefyd yn *dd-fai* (Groeg: *amômoi*), sef term a ddefnyddiwyd yn aml i ddisgrifio aberth heb nam corfforol (Lef. 22: 21; 1 Pedr. 1: 19). Mae aelodau byddin yr Oen wedi gwrthod ildio i dwyll y bwystfil, gan alluogi Ioan i'w portreadu fel aberthau a gysegrir i Dduw o achos eu parodrwydd i ddilyn llwybr Crist hyd angau.

14: 6-13 **Negesau'r Tri Angel**

Tri angel a ddaw i flaen y llwyfan nefol yn awr. Ond, yn wahanol i'r eryr a gyflwynodd dri o waeau ynghylch trigolion y ddaear, ac a ddarluniwyd yn 'hedfan yng nghanol y nef' (8: 13), geiriau o obaith ac o rybudd yw'r neges driphlyg a gyhoeddir gan yr angylion hyn (adn. 6-7, 8, 9-12).

Mae'r angel cyntaf yn cario *efengyl dragwyddol i'w chyhoeddi i breswylwyr y ddaear*, hynny yw, i'r holl genhedloedd (adn. 6: *i bob cenedl a llwyth ac iaith a phobl*). Nid cyfeirio at yr Efengyl Gristnogol a wna Ioan fel y cyfryw (ni ddefnyddir y fannod bendant yma), ond at 'y newyddion da' sydd yn agored i bob cenhedlaeth: *Ofnwch Dduw, a rhowch iddo ogoniant, oherwydd daeth yr awr iddo farnu. Addolwch yr hwn a wnaeth nef a daear, y môr a ffynhonnau'r dyfroedd* (adn. 7). Mae yma alwad ar i'r holl genhedloedd edifarhau ac addoli Duw, gan glodfori'r Creawdwr yn yr un modd â'r corws nefol a saif gerbron ei orsedd (4: 11; 5: 13; 7: 12). Atgoffir darllenwyr y llyfr, yn ogystal, fod Duw eisoes wedi atal ei farnedigaethau ar ôl sain y chweched utgorn, er mwyn i drigolion y ddaear edifarhau a rhoi gogoniant i Dduw (11: 13). Ond digofaint Duw a arllwysir ar y rhai sy'n gwrthod ei addoli fel Creawdwr, a dyma fydd canolbwynt y gweledigaethau sy'n dilyn (penodau 16-18).

Proffwydo cwymp Babilon a wna'r ail angel: *Syrthiodd, syrthiodd Babilon fawr* (adn. 8; cymh. Es. 21: 9). Darlunnir Babilon yn aml fel un o rymoedd mwyaf pwerus a threisgar y byd, yn enwedig am mai hi fu'n gyfrifol am gaethgludo pobl Dduw o'u gwlad (Es. 47: 1-15; Jer. 51: 7-8). Ar ben hyn, daeth 'Babilon' yn arwyddair poblogaidd sawl canrif yn ddiweddarach i ddynodi dinas Rhufain, a hynny am fod y naill ymerodraeth a'r llall wedi cipio dinas Jerwsalem ac wedi dinistrio ei theml. Dyma, yn sicr, yw cefndir priodol defnydd Ioan o'r term 'Babilon' (16: 19; 17: 5; 18: 2, 10, 21), ac y mae'r cyfeiriadau niferus at y ddinas yn gallu bod o gymorth wrth geisio dyddio Llyfr Datguddiad, oherwydd dim ond testunau a gyfansoddwyd ar ôl cwymp Jerwsalem yn 70 OC sy'n gwneud defnydd o'r arwyddair hwn (megis 4 Esra a 2 Baruch; cymh. hefyd 1 Pedr 5: 13). Cyhoeddi cwymp Babilon a wna'r angel yng ngweledigaeth Ioan, a chynnig rhagflas o'r darluniau lliwgar o'i dinistr (16: 19 - 18: 24). Mae'r defnydd o'r amser gorffennol ('syrthiwyd') yn natganiad yr angel (adn. 8) yn fynegiant o'r sicrwydd nefol ynghylch tynged y ddinas, ond yn cadarnhau yn ogystal na chofnodir y gweledigaethau hyn mewn trefn gronolegol gaeth.

Y rheswm a gynigir dros gwymp Rhufain yw iddi hi *beri i'r holl genhedloedd yfed gwin a llid ei phuteindra* (cymh. 17: 2; 18: 3), gan adleisio'r hyn a ddywed y proffwyd Jeremeia am ddinas

Babilon: 'Cwpan aur oedd Babilon yn llaw'r Arglwydd, yn meddwi'r holl ddaear; byddai'r cenhedloedd yn yfed o'i gwin, a'r cenhedloedd felly'n mynd yn ynfyd' (51: 7). Unwaith yn rhagor, cyfeiriad cynnil sydd gan Ioan at y modd y gall Rhufain dwyllo'r cenhedloedd a'u swyno gan ei haddewid y byddant yn ffynnu'n economaidd drwy ymgyfeillachu â hi (gall y gair Groeg *thumos*, a gyfieithir gan y BCN fel 'llid', hefyd olygu 'nwyd'). Gall pobl feddwi ar addewidion twyllodrus Rhufain, gan beri iddynt anwybyddu'r rhybudd fod barnedigaeth ar ddod.

Mae'r trydydd angel yn cyhoeddi un o rybuddion mwyaf arswydus yr holl lyfr (adn. 9-11). Ar ôl y disgrifiad o'r cenhedloedd yn yfed *gwin a llid* (neu: nwyd) puteindra Babilon (adn. 8), dywedir y bydd holl addolwyr y bwystfil yn derbyn y gosb o *yfed gwin llid Duw, wedi ei arllwys yn ei lawn gryfder i gwpan ei ddigofaint* (adn. 9-10; cymh. 18: 6). Mewn geiriau eraill, bydd y rhai hynny sydd yn ymlynu wrth arferion y bwystfil yn troi'n wrthrychau digofaint eithaf Duw. Fe â Ioan gam ymhellach, oherwydd dywed y bydd cosb y tân a'r brwmstan a ddioddefodd Sodom a Gomorra (Gen. 19: 24) yn troi'n boenedigaeth dragwyddol gerbron yr angylion a'r Oen. Yn wir, mae'r cyfeiriad at *fwg eu poenedigaeth yn codi byth bythoedd* o flaen yr orseddle nefol yn adlais erchyll o'r disgrifiad o weddïau'r saint yn codi fel mwg yr arogldarth gerbron gorsedd Duw (5: 8; 8: 4). Mae'r pedwar creadur byw yn clodfori Duw 'heb orffwys ddydd a nos' (4: 8), ond *ni bydd gorffwys na dydd na nos* i'r pechaduriaid sy'n addoli'r bwystfil a'i ddelw (adn. 11). Nid oes amheuaeth nad darlun o gosbedigaeth ddidostur a gyflwynir gan Ioan, er mai ei brif amcan yw annog ei ddarllenwyr i ddehongli'r weledigaeth fel rhybudd ynghylch y dinistr a ddaw i ran y rhai sy'n gwrthod edifarhau (adn. 6-7). Dyma'r rhybudd sy'n sail, felly, i ddyfalbarhad y rhai *sy'n cadw gorchmynion Duw a'u ffydd yn Iesu* (adn. 12); mae'n rhaid gwrthod ildio i'r bwystfil a pharhau i sefyll gyda'r Oen.

Ar ôl i'r angylion gyhoeddi neges o newyddion da i'r cyfiawn, ond geiriau o ddinistr i'r anghyfiawn, clyw Ioan lais nefol yn ei siarsio i ysgrifennu: *O hyn allan gwyn eu byd y meirw sy'n marw yn yr Arglwydd* (adn. 13). Nid yw'r olygfa hon, gan hynny yn cloi â gair o rybudd, ond â'r addewid mai gwynfydedig fydd y merthyron sy'n dilyn yr Oen hyd yr eithaf. O ganlyniad i fywyd a marwolaeth achubol Crist (*o hyn allan*), bendithion tragwyddol a ddaw i ran holl dystion teyrngar yr Oen. Ategir hyn mewn oracl broffwydol gan yr Ysbryd, oherwydd caiff y meirw, o achos eu gweithredoedd, orffwys o'u llafur (cymh. 2 Thes. 1: 7), sef yr union wobr nad yw'n agored i bechaduriaid diedifar (adn. 11).

14: 14-20 **Cynhaeaf y Ddaear**

Mae'r pwyslais ar y dewis rhwng achubiaeth a barn, rhwng addewid a rhybudd, yn parhau yn y ddwy weledigaeth a gofnodir ar ddiwedd y bennod hon, lle portreadir cynhaeaf y saint (adn. 14-16) a barnedigaeth yr anghyfiawn (adn. 17-20). Gweledigaeth llawn gobaith yw'r olygfa gyntaf, oherwydd daw *un fel mab y dyn* yn eistedd ar gwmwl gwyn (cymh. Dan. 7: 13-14) i fedi cynhaeaf y ddaear. Cyfeiriwyd eisoes at y Crist dyrchafedig fel Mab y Dyn yng ngolygfa agoriadol y llyfr (1: 12-20), a chyflwynwyd dilynwyr yr Oen fel blaenffrwyth nefol y cynhaeaf hwnnw sydd yn cyrraedd ei lawn dwf ar achlysur ailddyfodiad Crist (14: 4). Er mai *cryman miniog* sydd yn llaw'r medelwr (adn. 14), delwedd bositif yw'r darlun hwn o gynhaeaf ŷd, un a gysylltir yn aml yn y TN â dilynwyr Iesu yn cael mynediad i deyrnas Dduw (Marc 4: 29; Ioan 4: 35-38). Yn wir, pan fo testunau beiblaidd yn defnyddio delwedd y cynhaeaf i gyfleu darlun negyddol o farn, cyfeirir nid yn unig at fedi'r cynhaeaf, ond at ddyrnu'r grawn er mwyn i'r us gael ei gario gan y gwynt neu ei losgi (Salm 1: 4; Math. 3: 21), ac at wahanu'r ŷd oddi wrth yr efrau (Math. 13: 30). Ond ni cheir unrhyw awgrym o'r arwyddion bygythiol hyn yn narlun Ioan o Grist yn medi'r cynhaeaf i Dduw (adn. 14-16).

Serch hynny, dilynir hyn gan ddarlun negyddol o farn (adn. 17-20), oherwydd defnyddia Crist y medelwr ei gryman miniog yn awr i gasglu grawnwin aeddfed y ddaear er mwyn eu taflu i *winwryf mawr digofaint Duw* (adn. 19). Yn yr un modd ag y mae dilynwyr yr Oen yn cynrychioli blaenffrwyth pobl Dduw a fedir gan y Crist dyrchafedig (14: 4, 14-16), mae'r rhai anghyfiawn, a wnaeth i'r ddaear yfed gwin llid Babilon, yn cael eu darlunio fel ffrwyth y winwydden a sethrir i greu gwin llid Duw (14: 8, 10, 17-20). Mae'r delweddu hwn yn adleisio nifer o destunau beiblaidd lle disgrifir y drygionus yn cael eu sathru fel grawnwin mewn gwinwryf, er ei bod hi'n debygol mai geirfa Joel 3: 13 sydd wedi dylanwadu'n bennaf ar ddarlun Ioan: 'Codwch y cryman, y mae'r cynhaeaf yn barod; dewch i sathru, y mae'r gwinwryf yn llawn; y mae'r cafnau'n gorlifo, oherwydd mawr yw eu drygioni' (cymh. Es. 63: 1-6). Gan nad yw gweledigaethau Llyfr Datguddiad yn dilyn trefn gronolegol, ceir cipolwg arall ar yr olygfa erchyll hon pan fo Crist ei hun yn 'sathru gwinwryf digofaint llidiog Duw' (19: 15).

15: 1-8 **Yr Angylion a'r Plâu Olaf**

Fe egyr y bymthegfed bennod ag arwydd mawr a rhyfeddol, sef saith angel a chanddynt saith o blâu, *y rhai olaf, oherwydd ynddynt hwy y cwblhawyd digofaint Duw* (adn. 1). Yna, wedi'r dathliadau mawreddog yn y nef (adn. 2-4), ailgydir yn y darlun o'r angylion yn arllwys ffiolau llid Duw ar y ddaear (15: 5 - 16: 21). Yn y cyfamser, mae Ioan yn annog ei ddarllenwyr i ddyfalbarhau a dal gafael yn ei eiriau o obaith ac addewid drwy eu harwain drachefn i'r orseddle nefol, lle mae dilynwyr yr Oen, sef *gorchfygwyr y bwystfil a'i ddelw a rhif ei enw*, yn sefyll ger y môr (adn. 1). Mae'r disgrifiad o'r merthyron fel *gorchfygwyr y bwystfil* yn ein hatgoffa o olygfa arall yn yr orseddle, sef pan gyfeiriwyd at yr Oen fel un sydd 'wedi gorchfygu' wrth ei gynnig ei hun fel aberth i brynu rhyddid i eraill (5: 5-6, 9-10). Yn unol, felly, â'r addewid a dderbyniodd aelodau'r saith eglwys (2: 7; 3: 5), gall dilynwyr yr Oen fod yn orchfygwyr os gwrthodant ildio i'r bwystfil ac aros yn deyrngar, hyd angau, i Dduw a Christ (cymh. 12: 11).

Nid dyma'r tro cyntaf ychwaith i weledigaethau Ioan o'r orseddle gynnwys cyfeiriad at *fôr megis o wydr* (adn. 1), oherwydd soniwyd eisoes am y môr nefol 'tebyg i risial' oedd o flaen gorsedd Duw (4: 6). Y tro hwn, fodd bynnag, dywedir bod gan y môr *dân yn gwau trwyddo*, er mwyn tynnu sylw at y digofaint a'r farn ddwyfol sydd ar fin cael eu datguddio o'r nef. Sefyll wrth y môr i ganu *cân Moses, gwas Duw, a chân yr Oen* (adn. 3) a wna gorchfygwyr y bwystfil. Awgryma'r geiriau hyn, law yn llaw â'r enghreifftiau niferus o ddelweddau'r exodus mewn gweledigaethau eraill (yn enwedig 12: 13-17), fod y dathliadau nefol a'r gân newydd am ddrama achubol yr Oen wedi'u patrymu ar yr hanes am waredigaeth yr Israeliaid o'r Aifft yng nghyfnod Moses. Fel y bu i Israel ganu cân o fawl a diolchgarwch i Dduw ar lan y Môr Coch (Ex. 15: 1-18), mae dilynwyr yr Oen yn dathlu eu goruchafiaeth dros y bwystfil trwy ganu ar lannau'r môr tanllyd. Mae cân y merthyron i gyfeiliant telynau yn gyfystyr â chân yr Oen, ac felly'n 'gân newydd' (cymh. 5: 9; 14: 3), am mai trwy waed yr Oen yr enillwyd buddugoliaeth dros ddrygioni (5: 5-10; 12: 11). Maent hwythau, felly, wedi llwyddo i groesi'r môr bygythiol, ac wedi derbyn lloches ym mhresenoldeb Duw a'r Oen. Dyma, yn ôl Ioan, yw pen y daith y dylai bob tyst ffyddlon, gan gynnwys holl ddarllenwyr y llyfr, ymgyrraedd ato.

Mae'r gân newydd hon yn gyforiog o themâu ac ymadroddion beiblaidd, ac yn brawf fod Ioan yma wedi myfyrio'n helaeth ar gynnwys yr HD (gweler, yn enwedig, Deut. 32: 4; Salm 86: 8-10; 111: 2; 139: 14; 145: 17; Jer. 10: 6-7). Ond, yn wahanol i Moses a'r Israeliaid, nid dathlu eu gwaredigaeth a dinistr eu gelynion a wna dilynwyr yr Oen, ond clodfori statws unigryw Duw fel *Brenin y cenhedloedd* (adn. 3). Mae'r merthyron yn moli sancteiddrwydd, hollalluogrwydd a chyfiawnder Duw, ac yn gofyn: *Pwy nid ofna, Arglwydd, a gogoneddu dy enw?* (adn. 4; cymh. Jer. 10: 7). Ceir yr ateb ar ei union, pan gyhoedda'r cantorion nefol y daw'r holl genhedloedd ac addoli gerbron yr unig wir Dduw (adn. 4). Dilynwyr yr Oen, felly, yw blaenffrwyth y cynhaeaf hwnnw sydd i gynnwys holl genhedloedd y ddaear. Mynegwyd y gobaith hwn eisoes yng ngweledigaeth agoriadol Ioan o'r orseddle nefol, lle cenir am waed yr Oen yn prynu i Dduw bobl 'o bob llwyth ac iaith a phobl a chenedl' (5: 9), a'r bwriad yw dwyn y cosmos gyfan gerbron yr orsedd i foli ac addoli Duw a'r Oen (5: 13). Os felly, mae cân dilynwyr yr Oen yn ddathliad o'r ymateb cadarnhaol a rydd y cenhedloedd i eiriau'r angylion ac i dystiolaeth y proffwydi (cymh. 11: 13; 14: 6).

Serch hynny, nid yw'r mawl a'r gobaith a fynegir yn y gân yn golygu bod y Diwedd wedi dod, oherwydd mae'r olygfa nefol hon wedi'i lleoli o fewn rhybudd fod mwy o blâu, y rhai olaf, ar fin ymddangos (adn. 1, 5-8). Cyflwynwyd y saith angel a chanddynt saith bla ar ddechrau'r bennod, ond ni chychwynant ar eu gwaith o farnu hyd nes i Ioan weld *teml pabell y dystiolaeth* yn agor yn y nef (adn. 5). Mae disgrifio'r cysegr nefol yn y modd hwn yn peri i ddarllenwyr y llyfr feddwl am ddigwyddiadau'r exodus drachefn, yn arbennig y babell a'r arch oedd yn cynnwys dwy lech y dystiolaeth a dderbyniodd Moses (Ex. 25: 9, 16; 34: 29). Derbyn gweledigaeth a wna Ioan o'r dystiolaeth honno sy'n fynegiant o ewyllys Duw, sef ei gyfiawnder a'i farn, ac a ddatguddir yn awr ar y ddaear. Dyma'r foment, felly, pan ymddengys y saith angel, *wedi eu gwisgo â lliain disgleirwych,* megis offeiriad (adn. 6; cymh Lef. 16: 4), a *gwregys aur am eu dwyfron,* megis Mab y Dyn (cymh. 1: 13). Fe rydd un o'r pedwar creadur byw *saith ffiol aur i'r saith angel* (adn. 7), a hwythau'n llawn o lid y Duw tragwyddol.

Pan dderbyn yr angylion y ffiolau aur, llenwir y deml â *mwg gan ogoniant Duw a'i allu ef* (adn. 8), sydd yn adlais o'r datguddiad o ogoniant Duw i Moses ar achlysur cysegriad pabell y cyfarfod yn yr anialwch (Ex. 40: 34-38) ac i Eseia ar achlysur ei alw'n broffwyd (Es. 6: 1-4). Ond, fel canlyniad i'r mwg trwchus, ni all neb, hyd yn oed y saith angel, fynd i mewn i'r deml cyn cwblhau y saith pla. Mae'n rhaid i'r angylion gyflawni eu tasg arswydus cyn dychwelyd i'w trigfan nefol, oherwydd dyma fydd eu gorchwyl terfynol ar y ddaear. Ni bydd oedi mwyach yng nghyswllt y farn olaf.

16: 1-21 **Ffiolau Llid Duw**

Daw llais o'r deml yn gorchymyn y saith angel i arllwys *saith ffiol llid Duw* ar y ddaear (adn. 1; cymh. Jer. 10: 25; Salm 69: 24). Mae disgrifiad Ioan o'r saith pla (adn. 2-21) yn dilyn yr un patrwm â'r plâu hynny a gysylltir â'r saith utgorn (8: 7-21): yn y naill achos a'r llall, targedir y ddaear, y môr, yr afonydd a'r ffynhonnau, ac yna'r haul gan y pedwar pla cyntaf (8: 7-12; 16: 2-9); mae'r pumed pla yn canolbwyntio ar y Dinistrydd a'r bwystfil (9: 1-11; 16: 10-11), a'r chweched yn cynnig darlun o fyddinoedd yn ymgasglu wrth yr Ewffrates (9: 13-19; 16: 12-16). Mae'r ailadrodd trawiadol yn y ddwy gyfres yma o blâu, yn ogystal â'r gyfres o drychinebau sy'n dilyn agoriad y saith sêl (6: 1-17), yn codi cwestiynau pwysig ynghylch y berthynas rhwng y gweledigaethau hyn. A yw Ioan yn dehongli'r tair cyfres o blâu fel rhai sy'n perthyn i ddilyniant cronolegol, un yn digwydd ar ôl y llall, ynteu ai ei fwriad yw ailadrodd (deirgwaith) ei ddarlun canolog o farnedigaeth ddwyfol?

Mae rhai esbonwyr yn awyddus i ddehongli'r gweledigaethau hyn fel digwyddiadau sy'n dilyn trefn gronolegol, yn enwedig o achos y modd y mae Duw yn dwysáu ei farn o'r naill gyfres i'r llall; pedwaredd ran o'r ddaear a'i thrigolion a drewir pan agorir y seliau (6: 8), traean o'r ddaear a effeithir ar achlysur seinio'r utgyrn (8: 7-12, 15, 18), ond daw dinistr mwy aruthrol ar ôl i'r angylion arllwys ffiolau llid Duw (16: 2-21). Ar ben hyn, mae Ioan fel petai'n cysylltu agoriad y seithfed sêl ag ymddangosiad yr angylion i seinio'r saith utgorn (8: 1-2), tra bod y cyfeiriad at saith ffiol llid Duw fel 'y rhai olaf' (15: 1) yn rhagdybio'r plâu a ddarluniwyd eisoes. Serch hynny, mae eraill o'r farn mai ailadrodd yr un gyfres o ddigwyddiadau, o safbwynt gwahanol ac mewn dull cynyddol fel troell, a wna Ioan. O blaid y dehongliad hwn gellir nodi'r tebygrwydd rhwng strwythur a chynnwys y gwahanol gyfresi o blâu (gweler uchod), tra bod y dinistr erchyll sy'n dilyn agoriad y chweched sêl (6: 12-17), y dathlu nefol wedi'r seithfed utgorn (11: 15-19), a'r olygfa wedi tywalltiad y seithfed ffiol (16: 17-21) fel petaent i gyd yn gyfystyr â chyflawniad y farn olaf. Nid yw'r dehongliad hwn, fodd bynnag, yn egluro paham mae rhychwant cosbedigaethau'r pla yn ehangu'n raddol ar ffurf crescendo o'r naill gyfres i'r llall.

Efallai nad oes rhaid dewis rhwng y ddwy ddamcaniaeth yma. Yn hytrach, gellir ystyried y tair cyfres o blâu fel rhai a osodir mewn rhyw fath o drefn gronolegol, ond sydd hefyd yn cynnwys peth ailadrodd. Mae Ioan yn plethu'r tair cyfres o blâu â'i gilydd mewn dull telesgopig, yn yr ystyr bod y saith utgorn yn gynwysedig neu'n ymhlyg yn y seithfed sêl, a'r saith ffiol aur wedi'u cynnwys yn y seithfed utgorn. Dyma all egluro paham nad yw trigolion y ddaear yn cael eu barnu yn union ar ôl i'r seithfed sêl gael ei hagor (8: 1), nac ychwaith ar ôl sain y seithfed utgorn (11: 15-19). Yn ogystal â hyn, mae dehongli'r plâu o bersbectif telesgopig yn esbonio paham mae'r cosbedigaethau yn dwysáu wrth i Ioan symud o'r saith sêl at y saith utgorn, ac o'r saith utgorn at y saith ffiol aur.

O ganlyniad i'r cyflwyniad telesgopig hwn, a symudiad cynyddol, ond ailadroddus, y plâu tuag at y Diwedd, atgoffir y darllenwyr nad yw Ioan yn ceisio cynnig disgrifiad systematig o'r digwyddiadau a berthyn i'r dyfodol. Nid ei fwriad yw annog pobl i ddyfalu ynghylch union drefn ac amseriad yr amserlen ddwyfol (a'u safle hwy o fewn yr amserlen honno), ond eu siarsio i edifarhau ac ymroi eu hunain o'r newydd i Dduw a'r Oen. Dyma paham y rhoddir sylw penodol i ymateb trigolion y ddaear pan wynebant farnedigaeth ddwyfol. Fel yn achos yr Eifftiaid a drawyd gan blâu cyn yr exodus, dim ond dau opsiwn sydd ar gael: edifarhau neu gwrthod edifarhau (9: 20-21; 11: 13; 16: 9, 11, 21). Yn yr un modd, geilw Ioan ar ei ddarllenwyr i benderfynu a ydynt hwythau am ddilyn llwybr yr Oen a rhoi gogoniant i Dduw yng nghwmni'r corws nefol (5: 13; 15: 3-4), neu a ydynt am rodio llwybr eilunaddoliaeth a chablu Duw yng nghwmni addolwyr y bwystfil (16: 8, 11, 21).

Mae'r drydedd gyfres, gan hynny, yn disgrifio angylion Duw yn anfon plâu i daro'r bwystfil a'i ddilynwyr er mwyn i'r byd gael ei ollwng o'i grafangau (16: 1-21). Mae'r angel cyntaf yn arllwys ei ffiol ar y ddaear ac yn peri i *gornwydydd drwg a phoenus* godi ar addolwyr y bwystfil (adn. 2). Lle bu unwaith nod y bwystfil ar dalcennau'r addolwyr, gan sicrhau eu ffyniant economaidd a chymdeithasol (cymh. 13: 17), ni all y nod hwn eu gwarchod rhag digofaint Duw. Cornwydydd drwg, megis y rhai a ddioddefodd yr Eifftiaid yn y chweched pla (Ex. 9: 9-11), sydd bellach ar eu cyrff.

Yna, mae angel arall yn arllwys ail ffiol llid Duw i'r môr, a *throes y môr yn debyg i waed corff marw*, gan ladd popeth byw yn y môr (adn. 3; cymh. Ex. 7: 17-21). Troi'n waed hefyd a wna'r afonydd a ffynhonnau'r dyfroedd pan arllwysir y drydedd ffiol (adn. 4). Am mai trigolion y ddaear a dywalltodd waed y saint (6: 10; cymh. 17: 6; 18: 24), rhaid iddynt hwythau yn awr yfed dyfroedd gwaedlyd a marwol, oherwydd 'y mae eu gweithredoedd yn mynd gyda hwy' (14: 13). Esbonir yr egwyddor yma o dalu'r pwyth (*lex talionis*) mewn emyn litwrgaidd gan *angel y dyfroedd* (adn. 5-6), lle cyhoeddir bod plâu y dyfroedd yn fynegiant o farnedigaethau'r Duw cyfiawn a sanctaidd ar drigolion y ddaear (cymh. 15: 4): *Oherwydd iddynt dywallt gwaed saint a phroffwydi, rhoddaist iddynt hwythau waed i'w yfed; dyma eu haeddiant*. Dyma'r ateb a ddisgwyliai'r llais o'r allor (adn. 7), gan adleisio cri eneidiau'r saint dan yr un allor ar i Dduw ddial ar y rhai fu'n gyfrifol am dywallt eu gwaed (6: 9-11).

Mae'r pedwerydd angel yn arllwys ei ffiol ar yr haul, a *llosgwyd dynion yn enbyd* a thân (adn. 8-9). Er gwaethaf eu poenedigaeth erchyll, nid yw'r rhai sy'n elyniaethus tuag at Dduw yn barod i gydnabod gwir bwrpas ei blâu, sef i alw ar drigolion y ddaear i edifarhau (11: 13; 14: 7) yn hytrach na'u cosbi'n ddidrugaredd. Ond *cablu a wnaethant enw Duw,* a gwrthod rhoi gogoniant iddo (adn. 9; cymh. 9: 20). Maent yn dewis ochri gyda'r bwystfil ac efelychu un o'i brif nodweddion dieflig, sef cablu Duw (cymh. 13: 5-6; 17: 3).

Os yw'r pedair ffiol cyntaf yn targedu amrywiol elfennau'r greadigaeth (y ddaear, y môr, yr afonydd a'r ffynhonnau, yr haul) ac yn taro dilynwyr y bwystfil, mae'r tair ffiol olaf yn canolbwyntio ar y grymoedd dieflig eu hunain (y bwystfil, y ddraig a'r gau-broffwyd) ac ar y ddinas sy'n ganolbwynt i'w gweithgarwch (Babilon fawr). Mae'r pumed angel yn tywallt cynnwys ei ffiol *ar orsedd y bwystfil, a syrthiodd tywyllwch ar ei deyrnas ef,* gan adleisio'r nawfed pla yn yr Aifft (Ex. 10: 21-29). Ond parhau i gablu enw Duw, o achos eu poenau a'u cornwydydd, a wna trigolion diedifar y ddaear (adn. 11).

Yna, mae'r chweched angel yn arllwys ei ffiol ar *yr afon fawr, Afon Ewffrates a sychodd ei dyfroedd hi* (adn. 12). Gwahanwyd dyfroedd y Môr Coch, yn nyddiau Moses, er mwyn i'r Israeliaid gael eu hachub o afael Pharo (Ex. 14: 21-22), ac fe wahanwyd dyfroedd yr Iorddonen, yng nghyfnod Josua, er mwyn i bobl Dduw gael mynediad i wlad yr addewid (Jos. 3: 14-17). Ond, yng ngweledigaeth Ioan, caiff dyfroedd yr Ewffrates eu sychu *i baratoi ffordd i'r brenhinoedd o'r dwyrain* (adn. 12). Darlun ydyw o'r modd y gall Duw ddefnyddio sychder y dyfroedd fel offeryn i gosbi'r grymoedd sy'n gorthrymu ei bobl (Es. 50: 2; Nah. 1: 4), ac, yng nghyfnod Ioan, mae'n atgof o fygythiad y Parthiaid, oedd yn disgwyl eu cyfle i groesi'r Ewffrates er mwyn ymosod ar Rufain (cymh. 9: 14-19).

Nid yw gelynion Duw, er hynny, yn barod i ildio i'r bygythiad o'r dwyrain. Yn hytrach, dywedir bod y triawd satanaidd, sef y ddraig, y bwystfil a'r gau-broffwyd, am ddwysáu eu gelyniaeth a'u gwrthryfel yn erbyn Duw drwy beri i *dri ysbryd aflan, tebyg i lyffaint,* ddod allan o'u genau (adn. 13). Bwriad yr ysbrydion cythreulig a thwyllodrus hyn yw denu *brenhinoedd yr holl fyd i'w casglu ynghyd i ryfel ar ddydd mawr Duw, yr Hollalluog* (adn. 14; cymh. Joel 2: 11, 31; Seff. 1: 14). Ond cyn dweud mwy am y frwydr dyngedfennol hon (adn. 16; cymh. 19: 19) ar ddydd mawr yr Arglwydd (cymh. 6: 17), mae Ioan yn atgoffa ei ddarllenwyr o berthnasedd y weledigaeth gosmig hon wrth iddynt ystyried eu sefyllfa eu hunain (adn. 15). Crist ei hun sy'n llefaru, gan ailadrodd (yn rhannol) ei ddatganiad wrth yr eglwys yn Sardis (3: 3), a rhybuddio'r credinwyr o beryglon twyll y bwystfil drwy gyhoeddi y gall Crist ei hun ymddangos drachefn yn gwbl annisgwyl. Mae'n rhaid iddynt fod yn effro bob amser (Marc 13: 33; Math. 25: 5), neu wynebu gwarth eu noethni a'r farn a ddaw yn ei sgîl.

Dychwel Ioan wedyn at y frwydr eschatolegol fawr, er nad yw'n cynnig disgrifiad ohoni hyd 19: 11-21. Ond yn awr, ceir yr unig gyfeiriad at leoliad y frwydr hon, oherwydd bydd y ddraig a'i gweision yn casglu brenhinoedd y byd ynghyd *i'r lle a elwir, yn iaith yr Iddewon, Armagedon* (adn. 16). Y cyfieithiad llythrennol o'r gair Hebraeg hwn, nas ceir mewn unrhyw destun beiblaidd arall, yw 'mynydd Megido' (*[h]ar* : mynydd). Bu cryn drafod ynghylch ei ystyr, oherwydd yn nyffryn Jesreel (nid ar fynydd) y mae canfod Megido, llecyn oedd yn adnabyddus fel maes brwydr rhwng pwerau mawr y byd (cymh. 2 Bren. 23: 29) ac fel y man lle trechwyd gelynion Israel (Sech. 12: 11). Ond ni ddylid ceisio cynnig esboniad gorlythrennol o'r gair 'Armagedon', gan mai enw symbolaidd ydyw yn Llyfr Datguddiad i ddynodi'r mynydd apocalyptaidd hwnnw lle disgwylir i elynion Duw ddod ynghyd, o dan arweiniad y bwystfil, i ryfela'n derfynol yn erbyn Duw a'i bobl.

Ond cyn i'r frwydr hon ddigwydd, mae'r seithfed angel yn arllwys ei ffiol ar yr awyr, a daw llais o orsedd Duw yn datgan: *Y mae ar ben* (adn. 17). Ar dywalltiad yr olaf o'r plâu, mae'r farnedigaeth yn cael ei chyflawni (cymh. 15: 1), sef y trobwynt angenrheidiol er mwyn gwneud pob peth yn newydd (21: 6: 'Y mae'r cwbl ar ben'). Mae Duw yn ymateb i'r cyflawniad hwn drwy ryddhau mellt a tharanau, daeargryn digymar, a chenllysg can pwys yr un (adn. 18-21). Fel canlyniad i'r ddaeargryn bydd y ddinas fawr, sydd yn ganolbwynt teyrnasiad y bwystfil, yn cael ei hollti'n dair rhan (adn. 19), oherwydd *cofiodd Duw Fabilon fawr* (cymh. Salm 137: 7-8) *a rhoi iddi gwpan gwin ei ddigofaint llidiog* (cymh. 14: 8, 10). Unwaith yn rhagor, nid yw Ioan yn dilyn trefn gronolegol gaeth, oherwydd er i ddinas Rhufain, y Babilon fawr, gael ei dryllio gan y ddaeargryn, darlunnir ei chwymp drachefn (17: 1 - 19: 10). Ac er gwaethaf y darlun lliwgar o ddinistr ar derfyn gweledigaeth Ioan yn yr unfed bennod ar bymtheg, tynnu sylw a wna'r awdur yn ei eiriau clo at y ffaith na fu llymder y pla yn ddigon i beri i drigolion y ddaear edifarhau (adn. 21). Maent, hyd y diwedd, yn parhau i gablu Duw ac yn gwrthod rhoi gogoniant iddo.

17: 1-18 **Y Farn ar y Butain Fawr**

Caiff Ioan ei wahodd yn awr gan un o'r saith angel a arllwysodd ffiolau llid Duw ar y ddaear i weld y farn ar *y butain fawr sy'n eistedd ar lawer o ddyfroedd* (adn. 1). Gweledigaeth yw hon sy'n cyfateb, ar un olwg, i'r ddrama am y wraig a'r ddraig (12: 1-17). Yno darluniwyd pobl Dduw fel gwraig yn cael ei chynnal gan Dduw yn yr anialwch ar ôl iddi ddianc o grafangau'r ddraig. Ymddengys fod Ioan am wrthgyferbynnu'r wraig hon, a saif fel symbol o'r gymuned feseianaidd, â'r butain fawr, sy'n symbol pwerus o elyniaeth y byd tuag at Dduw, ac y cyfeiriwyd ati'n gynnil yn gynt yn y llyfr (14: 8; 16: 19). Mam y Meseia a'i ddilynwyr yw'r wraig wedi ei gwisgo â'r haul (12: 5, 17), a *mam puteiniaid a ffiaidd bethau'r ddaear* yw'r butain wedi ei gwisgo â phorffor ac ysgarlad (17: 4-5). Cael ei herlid gan y ddraig amlben a wna'r wraig gyntaf (12: 1-6, 13-17), ond darlunnir yr ail wraig yn eistedd ar fwystfil ysgarlad ac yn yfed gwaed y saint (17: 3, 6). Cyflwynir y delweddau gwrthgyferbyniol hyn er mwyn siarsio darllenwyr Llyfr Datguddiad i ymlynu wrth y wraig gyntaf yn hytrach na'r ail, wrth ddaioni yn hytrach na drygioni.

Dadorchuddio gwir gymeriad y butain, gyda chymorth darlun dychanol ohoni, yw bwriad Ioan yn yr ail bennod ar bymtheg. Caiff ei gludo *yn yr Ysbryd i'r anialwch* (adn. 3; cymh. 21: 10), oherwydd mae moelni'r anialwch yn ei alluogi i ddirnad natur a realiti garw'r ddinas fawr (cymh. Hos. 2: 14). Ar ddiwedd y ganrif gyntaf OC yr oedd amryw o ddeiliaid yr Ymerodraeth Rufeinig, a rhai o ddarllenwyr y llyfr hwn, yn cael eu cyflyru i ddychmygu dinas Rhufain fel gwraig hardd ac urddasol. Ceiniogau ymerodrol, celfyddyd a phensaernïaeth mewn temlau Rhufeinig (gan gynnwys temlau yn Asia Leiaf) oedd yn bennaf gyfrifol am hyn. Portreadwyd y dduwies Roma, oedd yn ymgorfforiad o rym y ddinas, fel arglwyddes mewn gwisg ryfel a ledorweddai ar fryniau Rhufain, gyda blaen ei throed yn cyffwrdd yr afon Tiber a'i llaw yn pwyso ar gleddyf bychan. Ond gwawdlun o'r dduwies ogoneddus a gyflwyna Ioan, a cheir yma wrth-ddelwedd ohoni fel putain anllad a meddw, er mwyn dryllio ei chyfaredd a'i swyn ar genhedloedd y byd. Cwpan aur sydd yn ei llaw, ond mae hwnnw'n *llawn o ffieidd-dra ac aflendid ei phuteindra hi* (adn. 4).

Nid Ioan yw'r awdur cyntaf i ddefnyddio iaith symbolaidd y butain yn y modd yma. Mae amryw o destunau yr HD yn defnyddio'r ddelwedd o gyfamod priodas i fynegi'r berthynas rhwng Duw (y priodfab) ac Israel (y briodferch), ond mae Israel, pan fo'n addoli duwiau eraill, yn troi ei chefn ar y Duw ffyddlon ac yn ymddwyn fel putain odinebus sy'n mynd ar ôl ei chariadon (Hos. 2: 5; cymh. Jer. 2: 20; 3: 1-14; Esec. 16: 36). Yn ogystal â hyn, caiff amryw o ddinasoedd estron yr Hen Fyd eu portreadu fel puteiniaid mewn testunau beiblaidd, am i bobl Israel gael eu swyno gan eu cyfoeth a'u mawredd a cholli golwg ar Yahweh fel eu hunig wir Dduw. Ymhlith y dinasoedd hyn mae Tyrus (Es. 23: 15-18) a Ninefe (Nah. 3: 4: 'y butain, y deg ei phryd, meistres swynion, a dwyllodd genhedloedd â'i phuteindra a phobloedd â'i swynion').

Ond yn bennaf oll, gwneir cyfeiriadau niferus at buteindra dinas Babilon, y ddinas honno a symbylodd Ioan i gyfeirio at y butain fel un a chanddi'r arwyddair *Babilon fawr* yn ysgrifenedig ar ei thalcen (adn. 5). Yn wir, tra bod y butain yn Llyfr Datguddiad *yn eistedd ar lawer o ddyfroedd* (adn. 1), sef disgrifiad a ddehonglir gan Ioan mewn termau alegorïaidd fel cyfeiriad at *bobloedd a thyrfaoedd, cenhedloedd ac ieithoedd* (adn. 15), dywed Jeremeia fod y Babilon gyntaf, a adeiladwyd ar lannau'r afon Ewffrates, yn 'trigo gerllaw dyfroedd llawer' (Jer. 51: 13). Myfyriodd Ioan yn sylweddol ar gynnwys yr adran broffwydol hon, oherwydd yn yr un modd ag y disgrifir Babilon bwerus gan Jeremeia fel 'cwpan aur yn llaw'r Arglwydd, yn meddwi'r holl ddaear' (51: 7; cymh. 25: 15-16), dywedir am y butain mai *ar win ei phuteindra y meddwodd trigolion y ddaear* (adn. 2) ac *yn ei llaw yr oedd ganddi gwpan aur yn llawn o ffieidd-dra ac aflendid ei phuteindra hi* (adn. 4; cymh. 14: 8). Cyfeiriad sydd yma at y ffaith fod nifer o drigolion y ddaear, gan gynnwys rhai Cristnogion (3: 17), wedi cael eu swyno gan foethusrwydd a llewyrch Rhufain. Yr oeddent yn barod i gyfaddawdu drwy gofleidio safonau paganaidd y ddinas (a'i chwlt ymerodrol), ac yn cyfranogi o 'buteindra' eilunaddoliaeth er mwyn elwa o'i chyfoeth a'i golud (2: 14, 20-22; 13: 17). Trwy wneud Rhufain yn ganolbwynt eu bywyd a'u safonau yn y byd hwn, mae trigolion y byd yn euog o droi'r ddinas yn ffigur dwyfol. Ond cwymp Babilon a gyhoeddir gan y proffwyd Jeremeia (51: 8: 'yn ddisymwth syrthiodd Babilon, a drylliwyd hi'), a dyma fydd tynged y butain yng ngweledigaeth Ioan.

Nid oes amheuaeth na fyddai darllenwyr cyntaf Llyfr

Datguddiad, rhai a drigai mewn talaith Rufeinig ar ddiwedd y ganrif gyntaf OC, wedi dirnad y cysylltiad a wneir rhwng y butain fawr a dinas Rhufain, y ddinas oedd mor ganolog i'r ymerodraeth dreisgar a gormesol a reolai holl wledydd y Môr Canoldir. Fel y nodwyd eisoes, mae amryw o destunau Iddewig a Christnogol a gyfansoddwyd ar ôl 70 OC yn cyfeirio at Rufain fel y 'Babilon' a fu'n gyfrifol am ddymchwel Jerwsalem a'i theml (gweler y drafodaeth ar 14: 8). Cadarnheir hyn gan amryw o ddatganiadau yng ngweledigaeth Ioan o'r butain, yn enwedig y datganiadau hynny sy'n pwysleisio'r berthynas glòs rhyngddi a'r *bwystfil ysgarlad ag enwau cableddus drosto i gyd* (adn. 3). Ychwanega'r awdur fod gan y bwystfil hwn *saith ben a deg corn,* gan gadarnhau mai dyma'r bwystfil a gyflwynwyd eisoes fel un a gyfyd o'r môr (13: 1-8) ac yn symbol o rym yr Ymerodraeth Rufeinig (yn enwedig grym ei hymerawdwyr). Darlunnir y butain yn eistedd ar gefn y bwystfil er mwyn cyfleu'r syniad fod grym ac awdurdod dinas Rhufain yn dibynnu ar fuddugoliaethau milwrol a gwleidyddol ei hymerawdwyr. A thra bod y bwystfil, yn enwedig yng nghyfnod Nero, wedi derbyn awdurdod i 'ryfela yn erbyn y saint a'u gorchfygu hwy' (13: 7), mae'r butain *yn feddw ar waed y saint ac ar waed tystion Iesu* (adn. 6; cymh. 18: 24), sef y rhai sy'n gwrthod cael eu swyno gan ei grym a'i golud. Dywed Ioan hefyd bod y wraig yn eistedd ar *saith mynydd,* sef saith pen y bwystfil (adn. 9), sydd yn dwyn i gof y ffaith mai dinas a adeiladwyd ar saith o fryniau yw Rhufain (gweler Fyrsil, *Aenid* 6: 782).

Cyn disgrifio cwymp y butain, mae'r angel fu'n tywys Ioan yn cynnig dehongliad alegorïaidd o'r wraig a'r bwystfil sy'n ei chario (adn. 7-14). Cyflwynwyd y bwystfil eisoes fel cynrychiolydd Satan ar y ddaear (13: 2) ac fel yr Anghrist (13: 1, 3-6), oherwydd bu farw, ond mae bellach yn fyw (13: 3, 12, 14). Ond ceisio efelychu Duw ei hun a wna'r bwystfil yn y weledigaeth hon; Duw yw'r 'hwn oedd a'r hwn sydd a'r hwn sydd i ddod' (1: 4; 4: 8), ond dywedir yn awr ynghylch y bwystfil: *yr oedd yn bod, ac nid yw'n bod, ond y mae ar fin dringo o'r pydew diwaelod a mynd i ddistryw* (adn. 8). Testun rhyfeddod yw'r bwystfil i drigolion y ddaear, am nad yw eu meddyliau yn agored i wir gymeriad a thynged yr offeryn satanaidd hwn. Gelwir ar bobl, felly, i ddewis rhwng y grym dieflig sy'n arwain i ddistryw a'r Duw tragwyddol sy'n cynnig bywyd a chreadigaeth newydd (21: 1).

Mae'r angel yn bwrw ati ar ôl hyn i esbonio arwyddocâd y symbolau dirgel, aml-lefelog, a wêl Ioan. Yn ogystal â chynrychioli saith bryn y ddinas (adn. 9), mae saith pen y bwystfil yn cynrychioli saith brenin: *y mae pump wedi syrthio, y mae un yn llywodraethu, nid yw'r llall wedi dod eto, a phan ddaw nid yw i aros ond am fyr amser* (adn. 10). Ar ôl hyn, bydd un o'r saith brenin yn dychwelyd fel yr wythfed, a hwn yw'r *bwystfil oedd yn bod ac nad yw'n bod* (adn. 11; cymh. 13: 3, 12, lle uniaethir y bwystfil ag un o'i bennau). Bu esbonwyr ar hyd y canrifoedd yn dyfalu pwy yn union a gynrychiola'r brenhinoedd hyn, yn enwedig er mwyn ceisio canfod pa bryd y cyfansoddwyd Llyfr Datguddiad. Os cynrychiolant saith ymerawdwr Rhufeinig, pa saith sydd gan Ioan mewn golwg? Awgryma rhai fod y dilyniant hwn o frenhinoedd yn cychwyn pan drôdd Gweriniaeth Rhufain yn Ymerodraeth Rufeinig. Gellid dadlau wedyn mai Cesar Awgwstws yw'r brenin cyntaf, Nero yw'r pumed (a'r wythfed), Galba yw'r 'un yn llywodraethu', tra mai Otho yw'r seithfed nad yw 'wedi dod eto'. Ond un dehongliad posibl yw hwn, ac mae'r darlun mor gynnil ac amwys fel ei bod hi'n anodd tynnu casgliadau pendant ar sail tystiolaeth hanesyddol. Efallai nad yw Ioan yn disgwyl i'w ddarllenwyr ddatrys y ddelwedd yn fanwl, ond, o gofio pwysigrwydd y rhif saith fel symbol o gyflawnder, mae'n debygol mai symbol yw saith ben y bwystfil o gyfanrwydd grym yr Ymerodraeth.

Serch hynny, y chwedl am y Nero atgyfodedig yn dod o'r bedd (gweler y drafodaeth ar 13: 3) sy'n egluro'r cyfeiriad at yr wythfed brenin fel un o'r saith, y bwystfil *oedd yn bod ac nad yw'n bod* ac a ddychwel yn awr (adn. 11). Dyma enghraifft arall o'r bwystfil yn cael ei bortreadu fel parodi o Grist; yn yr un modd ag y mae Ioan yn mynegi'r sicrwydd fod y Crist dyrchafedig ar fin dychwelyd o'r nefoedd, disgwylir ailddyfodiad yr Anghrist o'r pydew diwaelod (cymh. 9: 11; 11: 7), er mai i ddistryw yr â ef. Cyn hynny, bydd y bwystfil yn ymddangos yng nghwmni ei ddilynwyr, sef deg brenin a gynrychiolir gan y deg corn (adn. 12). Mae'n bosibl mai'r 'brenhinoedd o'r dwyrain' (16: 12) yw'r rhain, yn enwedig os yw Ioan yn chwarae ar y chwedl am Nero yn dychwelyd gyda'r Parthiaid o'r dwyrain. Effeithiau cosmig ymddangosiad y bwystfil a ddatgelir, serch hynny, pan gyfeirir ato'n rhyfela yn erbyn yr Oen (adn. 14), oherwydd rhagflas ydyw o'r frwydr dyngedfennol honno pan fydd yr Oen a'r saint yn ennill buddugoliaeth dros y bwystfil a'i ddilynwyr (19: 11-21). Yr Oen yw *Arglwydd arglwyddi a Brenin brenhinoedd* (adn. 14).

Ond, ar ddiwedd y weledigaeth hon, cymer yr angel gam tuag yn ôl i'r amser cyn cwymp y bwystfil a'r deg corn, oherwydd un o'u gweithredoedd olaf ar y ddaear fydd taro'r butain: *byddant hwy'n casáu'r butain, a'i gadael yn amddifad ac yn noeth. Bwytânt ei chnawd hi a'i llosgi â thân* (adn. 16-17). Mae'r darlun treisgar hwn o gwymp y ddinas yn ddyledus i ddelweddau lliwgar o Israel odinebus yn cael ei dinoethi a'i llosgi gan ei chariadau estron (Esec. 16: 37-41; 23: 25-29) ac o gnawd Jesebel yn cael ei fwyta gan gŵn (2 Bren. 9: 36-37). Nid gelyn estron fydd yn arwain y frwydr yn erbyn y butain, ond yr un a fu'n ei chario, a'r brenhinoedd a drosglwyddodd *eu gallu a'u hawdurdod i'r bwystfil* (adn. 13). Adlais a geir yma eto o'r chwedl boblogaidd am Nero yn dychwelyd o'r dwyrain yng nghwmni'r Parthiaid i ddial ar ddinas Rhufain. Yn nhestun apocalyptaidd Ioan, fodd bynnag, try'r chwedl yn ddarlun o rym dinistriol drygioni yn taro drygioni. Simsan ac ansefydlog oedd y gynhaliaeth a gynigiai'r dyfroedd a'r bwystfil i'r wraig; ei thynged oedd cael ei dinoethi er mwyn i wir natur ei chymeriad ddod i'r golwg.

Mwgwd arwynebol yw golud a moethusrwydd Rhufain, a phan godir y mwgwd, y cyfan sy'n weddill yw ei llygredigaeth moesol a'i dinistr gan Dduw. Mae'n dilyn, felly, mai offeryn barn yw'r bwystfil a'r brenhinoedd, oherwydd mae'r gynghrair rhyngddynt a'u hymosodiad ar y wraig yn unol â'r bwriad dwyfol *hyd nes cwblhau geiriau Duw* (adn. 17). Dychwel yr angel yn ei eiriau clo at ddarlun agoriadol y weledigaeth, ac mae'n datgan yn gwbl agored mai'r butain yw'r *ddinas fawr sydd â'r frenhiniaeth ganddi ar frenhinoedd y ddaear* (adn. 18). Nid oes amheuaeth nad Rhufain yw'r ddinas hon, ond mae'r disgrifiad ohoni fel 'y Babilon fawr', yn ogystal â'r pwyslais ar ei gormes fyd-eang, yn awgrymu mai symbol yw hi o bob grym llygredig a dinistriol sy'n gwrthwynebu Duw.

18: 1 - 19: 4 **Babilon yn Syrthio**

Yn union ar ôl y weledigaeth o gwymp 'Babilon', mae angylion yn cyhoeddi oracl ar ffurf galarnad hir ynghylch dinistr y ddinas. Y peth cyntaf a wêl Ioan yw llewyrch gogoniant y cyntaf o'r angylion hyn yn goleuo'r ddaear (adn. 1). Mewn gwrthgyferbyniad llwyr i'r olygfa ogoneddus agoriadol, mae'r llwyfan daearol yn llawn tywyllwch ac anobaith. Mae'r bennod yn llawn adleisiau o'r oraclau proffwydol a gyhoeddwyd yn erbyn dinasoedd megis Tyrus (Es. 23; Esec. 26-28) a Babilon (Es. 13: 1 - 14: 23; 21: 1-10; 47; Jer. 25: 12-38; 50-51), oherwydd amcan Ioan yw cyflwyno Rhufain fel 'y ddinas fawr' lle mae holl ddrygioni ymerodraethau'r byd yn cyrraedd ei anterth. Try'r ddinas hon, fel dinasoedd y gorffennol, yn wrthrych barn Duw: *Syrthiodd, syrthiodd Babilon fawr* (adn. 2; Es. 21: 9: 'Y mae wedi syrthio! Y mae Babilon wedi syrthio'). Lle bu unwaith ddinas ysblennydd, llawn bwrlwm, yn denu cenhedloedd a brenhinoedd y byd (cymh. 17: 2), mae ei hadfeilion yn drigfan i gythreuliaid ac yn gyrchfa i ysbrydion, adar a bwystfilod aflan (adn. 2; cymh. Es. 13: 21-22; Jer. 51: 37).

Ceir eglurhad ar gyflwr enbydus y ddinas pan ddywed yr angel fod yr holl genhedloedd wedi yfed *o win llid ei phuteindra* (cymh. 14: 8), a *phuteiniodd brenhinoedd y ddaear gyda hi ac ymgyfoethogodd masnachwyr y ddaear ar ormodedd ei moethusrwydd hi* (adn. 3). Nid gwylwyr niwtral mo darllenwyr Llyfr Datguddiad ychwaith, oherwydd mae puteinio â'r wraig ac ymgyfoethogi ar ormodedd ei moethusrwydd yn gyfystyr ag arfer gweithredoedd a safonau sy'n groes i ofynion Duw ac i lwybr yr Oen. Rhybuddiwyd aelodau'r saith eglwys eisoes fod bwyta pethau a aberthwyd i eilunod yn ffurf ar odineb (2: 14, 20), a chondemniwyd Cristnogion Laodicea am ymddiried mewn golud a chyfoeth yn hytrach nag yng Nghrist (3: 17). Pan fo llais arall o'r nef, felly, yn galw, *Dewch allan, fy mhobl, ohoni* (adn. 4), rhybudd ydyw a anelir at ddarllenwyr sy'n barod i gyfaddawdu eu ffydd a'u tystiolaeth er mwyn elwa o'r breintiau masnachol a gynigir gan y butain. Mae'r alwad arnynt i adael y ddinas yn adlais o gri Jeremeia (51: 45: 'Ewch allan ohoni, fy mhobl'), ond galwad ydyw mewn gwirionedd ar i bobl ymbellhau oddi wrth yr anghyfiawnder a'r gormodedd a nodweddai'r ddinas fawr.

Mae cwymp Babilon yn deillio o'i hunanoldeb, ei hunanfodlonrwydd a'i hunanfawrhad. Bydd Duw yn barnu Babilon gan dalu'r pwyth yn ôl ac yn ei chosbi'n ddwbl am ei phechodau *a bentyrrwyd hyd y nef* (adn. 5; cymh. Jer. 51: 9): *Talwch hi'n ddyblyg am ei gweithredoedd; dyblwch iddi chwerwder y cwpan a gymysgodd hi* (adn. 6; cymh. Jer. 16: 18; Es. 40: 2). Bydd cosbedigaeth Babilon yn gweddu i'w throsedd, gan beri i Dduw lenwi ei chwpan llid â dwbl ei chwerwder (gweler 14: 8, 10). Galar a phoenedigaeth, felly, ddaw i ran y ddinas ymffrostgar hon, oherwydd mae hi'n ymgorfforiad o draha sy'n ymylu ar fod yn gabledd: *'Rwy'n eistedd yn frenhines, nid gweddw wyf, a galar ni welaf byth* (adn. 7; cymh. Es. 47: 8: 'Myfi, 'does neb ond myfi. Ni fyddaf fi'n eistedd yn weddw, nac yn gwybod beth yw colli plant'). Ond neges ganolog Llyfr Datguddiad yw mai Duw a'r Oen yn unig sy'n deilwng i dderbyn mawl, gogoniant ac anrhydedd (4: 11; 5: 12-13; 7: 12).

Tri grŵp o alarwyr a fu'n ymgyfeillachu â'r butain a ddyfynnir gan y llais nefol yn adran ganolog yr oracl (adn. 9-19). Wedi'r pwyslais ar farn a rhybudd yn natganiadau agoriadol yr oracl, mae'r amrywiol alarwyr yn wylo'n awr o achos cwymp Babilon (adn. 9, 11, 15, 19) ac yn dwyn ar gof ei hysblander a'i golud. Brenhinoedd y byd yw'r cyntaf i fynegi eu galar: *Gwae, gwae'r ddinas fawr, Babilon y ddinas nerthol, oherwydd daeth arnat mewn un awr dy farn!* (adn. 10). Ond sefyll o hirbell a wnânt, am eu bod yn ofni cyfranogi o fwg poenedigaeth y ddinas. Perthynas gwbl arwynebol oedd rhyngddynt, oherwydd bodlonai'r brenhinoedd ar buteinio gyda'r ddinas *a byw'n foethus* (adn. 9).

Mae consyrn y galarwyr dros eu lles eu hunain yn amlycach yng ngeiriau masnachwyr y ddaear (adn. 11-17), oherwydd y rheswm dros eu galar yw nad oes *neb mwyach yn prynu eu nwyddau* (adn. 11). Mae cwymp y butain yn gyfystyr â cholli incwm yn achos y rhai *a enillodd eu cyfoeth drwyddi hi* (adn. 15), ac y mae'n bosibl fod rhai o aelodau eglwysi Asia Leiaf yn eu plith. Rhestrir y nwyddau oedd yn cael eu mewnforio i'r ddinas, er mai pethau moethus a enwir yn bennaf – aur ac arian, lliain main a sidan, ifori, pres a marmor, perlysiau drudfawr – cyn rhestru nwyddau angenrheidiol megis olew a blawd, gwartheg a defaid (adn. 12-13; cymh. Esec. 27: 12-24). Mae dull bachog Ioan o ddisgrifio'r 'eitemau' clo ar y rhestr (*caethweision a bywydau dynion*, neu: 'caethweision, hynny yw, bywydau dynion') yn dangos mor llym yw ei feirniadaeth o safonau annynol y system fasnachol honno oedd yn trin pobl fel nwyddau marchnata er mwyn diwallu anghenion eithafol y butain. Condemniad sydd yma ar y parodrwydd i ecsbloetio bywydau dynol er mwyn cynnal moethusrwydd. Ar ben hyn, yr oedd Rhufain mewn sefyllfa i brynu'r fath nwyddau am ei bod yn gyfoethog trwy goncro, ysbeilio neu godi trethi llym ar drigolion ei thaleithiau ymerodrol. Gorchwyl pennaf y masnachwyr oedd sicrhau cyflenwad cyson o nwyddau gwych, sef *y ffrwyth y chwenychodd dy enaid amdano* (adn. 14). Awgryma eu geiriau, yn wir, eu bod yn cyplysu marwolaeth y wraig â'r ffaith na welir ei gwychder a'i hysblander mwyach; caiff y ddinas *ei hamddifadu mewn un awr o gymaint o gyfoeth,* sef dillad o liain main, porffor ac ysgarlad, tlysau aur, gemau gwerthfawr a pherlau (adn. 15-17; cymh. 17: 4). Hyd yn oed ar ôl yr holl ddifrod a'r dinistr, ni all y galarwyr anghofio'r materol.

Mynegir yr un hunandosturi gan y grwp olaf o alarwyr (adn. 17-19), *pob capten llong, a phob teithiwr ar fôr, llongwyr a phawb sydd â'u gwaith ar y môr* (adn 17). Safant hwythau o hirbell, a thaflant lwch ar eu pennau a gweiddi: *Gwae, gwae'r ddinas fawr, lle'r enillodd pawb â chanddo longau ar y môr gyfoeth trwy ei golud hi, oherwydd ei hamddifadu mewn un awr!* (adn. 19). Unwaith yn rhagor, mynegi consyrn ynghylch y busnes a gollant a wna'r llongwyr oedd yn cludo nwyddau o'r taleithiau ymerodrol i Rufain. Dilynir hyn gan gri o lawenydd sy'n tarfu ar alarnad y cwmni, ac a berthyn, yn ôl pob tebyg, i'r llais nefol (adn. 4). Geilw ar y nef a'r *saint a'r apostolion a'r proffwydi* i orfoleddu (adn. 20), oherwydd mae cwymp Babilon yn amlygiad o farnedigaeth gyfiawn Duw ac yn baratoad ar gyfer dyfodiad brenhiniaeth Crist (19: 11).

Ymddengys angel arall, gan daflu carreg *debyg i faen melin mawr* i'r môr fel arwydd proffwydol o'r trais a arweinia at gwymp dirdynnol Babilon (adn. 21; cymh. Jer. 51: 63-64: 'Pan orffenni ddarllen y llyfr hwn, rhwyma garreg wrtho a'i fwrw i ganol Afon Ewffrates, a dywed, "Fel hyn y suddir Babilon; ni fydd yn codi mwyach wedi'r dinistr a ddygaf arni; a diffygiant"'). Ni bydd ynddi mwyach offerynnau cerdd, crefft yr un crefftwr, sŵn maen y felin, golau lamp, llais priodfab a phriodferch (adn. 22-23; cymh. Jer. 25: 10: 'Ataliaf o'u plith bob sain hyfryd a llawen, sain priodfab a phriodferch, sain meini melin yn malu, a golau llusern'). Dyma yw cosb y butain am dwyllo'r holl genhedloedd â'i dewiniaeth (cymh. Es. 47: 12), ac, yn bennaf, am mai *ynddi hi y cafwyd gwaed y proffwydi a'r saint, a phawb a laddwyd ar y ddaear* (adn. 24). Caiff Babilon ei barnu nid yn unig am fod gwaed y saint ar ei dwylo (cymh. 6: 9; 12: 11; 16: 6; 17: 6), ond am mai hi fu'n gyfrifol am farwolaeth pob un a laddwyd ar y ddaear. Mae'r ormodiaith drawiadol a ddefnyddia Ioan yma yn awgrymu nad oes rhaid cyfyngu neges yr oracl i Rufain hanesyddol, oherwydd portreadir y ddinas fawr fel yr ymgorfforiad symbolaidd o orthrwm a drygioni pwerau'r byd.

Uchafbwynt y weledigaeth o gwymp Babilon yw cyfres o ddatganiadau gan y llu nefol yn moli Duw am iddo farnu'r butain a dial arni am dywallt gwaed y saint (adn. 1-4). Mae'r llef *Halelwia* ('Molwch yr Arglwydd') yn rhedeg fel llinyn arian drwy'r fawlgan a gyhoeddir gan y dyrfa fawr (adn. 1, 3, 6), y pedwar henuriad ar hugain a'r creaduriaid byw (adn. 4; cymh. 5: 6-10), gan ddwyn ynghyd holl ffigurau'r orseddle sy'n addoli Duw (4: 8-11; 5: 14; 7: 11-12; 11: 16). Clodforir y Duw gwir a chyfiawn am ennill *buddugoliaeth* (adn. 1) yn ei oruchafiaeth derfynol dros y butain. Fe gredai hi na allai neb ei gorchfygu, oherwydd *galar ni welaf byth* (18: 7), ond cyhoeddir yn awr y *bydd ei mwg hi'n codi byth bythoedd* (adn. 3). Mae cwymp Babilon yn destun gorfoledd (18: 20), am mai hi *a lygrodd y ddaear â'i phuteindra ac a dywalltodd waed ei weision* (adn. 2; cymh. Deut. 32: 43).

19: 5-10 **Gwledd Briodas yr Oen**

Parhad o fawlgan y dyrfa nefol (adn. 1-4) yw'r alwad hon ar i holl weision Duw (7: 3-10; 15: 2-3), *y rhai bach a'r rhai mawr* (adn. 5), foli Duw am farnu Babilon. Clyw Ioan lais y dyrfa fawr – fel sŵn llawer o ddyfroedd a tharanau mawr y tro hwn – yn datgan *Halelwia* am y trydydd tro i ddathlu'r bendithion a ddaw yn sgîl cwymp y butain (adn. 6-8). Nid Babilon bellach yw'r 'frenhines' ar frenhinoedd y ddaear (17: 18; 18: 7), *oherwydd yr*

Arglwydd ein Duw, yr Hollalluog, a sefydlodd ei frenhiniaeth (adn. 6).

Daeth terfyn ar aflendid a llacrwydd y butain, gan beri i'r corws nefol gyhoeddi dyfodiad *dydd priodas yr Oen ac ymbaratoad ei briodferch ef* (adn. 7). Ceir yma adlais o destunau yn yr HD lle cyflwynir Duw fel priodfab ac Israel fel ei briodferch (Es. 62: 5; Hos. 2: 19-20), a defnyddir yr un ddelwedd yn y TN i bortreadu Crist fel y priodfab a'r Eglwys fel ei briodferch (2 Cor. 11: 2; Eff. 5: 25-32). Ceir disgrifiad llawn o'r briodferch yn 21: 1 - 22: 9, ond bodlona Ioan yn awr ar ddisgrifio ei gwisg (adn. 8). Tra bod y butain yn prynu lliain main i ddiwallu ei hanghenion materol (18: 12), rhodd gan Dduw yw *lliain main disgleirwych* y briodferch, sef *gweithredoedd cyfiawn y saint* (adn. 8). Gwrthgyferbynnir y briodferch â'r butain, felly, er mwyn annog ei ddarllenwyr i'w huniaethu eu hunain â'r Jerwsalem newydd yn hytrach nag â Babilon. Mae'n rhaid dilyn llwybr cyfiawnder a dod allan o'r ddinas aflan (18: 4) er mwyn sicrhau purdeb y briodferch ar gyfer ei phriodas. Bydd y sawl sy'n ymlynu wrth y briodferch bur yn deilwng i dderbyn gwahoddiad i ddathlu *gwledd briodas yr Oen* (adn. 9; cymh. Math. 22: 1-14; 25: 10) ac i gyfranogi o fendithion y wledd eschatolegol (Math. 8: 11).

Mae Ioan yn camgymryd yr angel fel ffynhonnell ddwyfol i *wir eiriau Duw*, ac yn syrthio wrth ei draed i'w addoli (adn. 9-10). Ond dywed hwnnw: *Paid! Cydwas â thi wyf fi, ac â'th frodyr sy'n dal tystiolaeth Iesu; addola Dduw* (adn. 10; cymh. 22: 8-9). Cafwyd rhybuddion eisoes am beryglon addoli'r bwystfil (14: 9-11; 16: 2), a phwysleisir yn awr na ddylid talu gwrogaeth hyd yn oed i negeswyr nefol Duw. Nid oes unrhyw dystiolaeth bendant mai gwaharddiad yw hwn a anelir at gylchoedd Iddewig a Christnogol a addolai angylion; mae'r pwyslais yn hytrach ar neges ddiysgog Llyfr Datguddiad mai Duw a'r Oen yn unig sy'n deilwng i dderbyn gogoniant, mawl ac anrhydedd. Mae'r angel hefyd yn egluro gwir natur proffwydoliaeth, oherwydd *tystiolaeth Iesu sy'n ysbrydoli proffwydoliaeth* (adn. 10). Mewn geiriau eraill, cynnwys y broffwydoliaeth yw'r dystiolaeth a rydd Iesu, a thasg Ioan fel proffwyd yw cyhoeddi'r dystiolaeth honno i'r eglwysi (cymh. 1: 2-3; 22: 18).

19: 11-21 **Marchog y Ceffyl Gwyn**

Mae'r weledigaeth adnabyddus a dychrynllyd hon o Grist fel marchog yn barnu'r ddaear adeg ei ailddyfodiad (*parousia*) yn drobwynt pwysig rhwng y disgrifiadau o gwymp Babilon (17: 1 - 19: 4) ac ymddangosiad y Jerwsalem newydd (21: 1 - 22: 5). Erbyn hyn mae'r darllenwyr yn gyfarwydd â phrif elynion Duw, sef y ddraig (12: 1 - 13: 1), y bwystfil a'r gau-broffwyd (13: 1-18) a'r butain (17: 1-18). Mae Ioan yn disgrifio eu dinistr o chwith: y butain (18: 1 - 19: 4), y bwystfil a'r gau-broffwyd (19: 19-20), ac yna'n olaf Satan ei hun (20: 1-3, 7-10). Yng nghyswllt dinistr y bwystil a'r gau broffwyd y daw Crist i flaen y llwyfan fel marchog cyfiawn, oherwydd fe orchfyga'n awr y rhai a 'orchfygodd' ddilynwyr Crist ar y ddaear (cymh. 13: 7). Mae'r weledigaeth hon, gan hynny, yn cyflwyno'r priodoleddau sy'n galluogi Crist i ennill buddugoliaeth dros ei elynion (19: 11-16) cyn disgrifio'r frwydr a'i chanlyniadau erchyll (19: 17-21).

Mae'r disgrifiad agoriadol o'r *nef wedi ei hagor* (adn. 11) yn ddigwyddiad apocalyptaidd ynddo'i hun, ac yn paratoi'r ffordd i Grist ddod i lawr o'r nefoedd i farnu gelynion Duw. Hyd yma, mae gweledigaethau Llyfr Datguddiad wedi canolbwyntio ar ddadorchuddio'r safbwynt nefol ynghylch y sefyllfa ddaearol, a hynny er mwyn datgelu'r twyll sydd yn sail i rym y bwystfil, ond y gwirionedd a gynrychiolir gan dystiolaeth y merthyron. Yr oedd y persbectif hwn yn guddiedig yn achos y rhai oedd yn gwrthod gweld, ond, yn awr, ni allant guddio rhag y realiti nefol a ddaw i lawr ym mherson Iesu. Gwirionedd, nid twyll, fydd yn teyrnasu ar y ddaear. Pan ymddengys Crist, felly, fel marchog ar geffyl gwyn, atgoffir y darllenwyr o'r disgrifiad agoriadol ohono a'i *lygaid fel fflam dân* (adn. 12; cymh. 1: 14; 2: 23) a *chleddyf llym yn dod allan* o'i enau (adn. 15, 21; cymh. 1: 16; 2: 12). Mae enw Crist, *Ffyddlon a Gwir* (adn. 11), yn adlais o'r cyfeiriad ato fel 'y tyst ffyddlon a gwir' a dystiodd yn ei fywyd a'i farwolaeth i'r gwirionedd am Dduw (3: 14; cymh. 1: 5). Nid yw Crist yn ymddangos yn awr ynghanol y canwyllbrennau (yr eglwysi) i'w cysuro a'u ceryddu â'i gleddyf llym daufiniog, ond i farnu gelynion Duw â'i gleddyf llym (unfiniog). Cyfuniad o ddelweddau milwrol a chyfreithiol, felly, yw'r datganiad mai *mewn cyfiawnder y mae ef yn barnu ac yn rhyfela* (adn. 11). Ef yw'r barnwr ffyddlon a gwir sydd yn dedfrydu'r anghyfiawn, ac ef yw'r brenin milwrol, a chanddo *ddïademau lawer* (adn. 12), sy'n ennill buddugoliaeth dros ei holl wrthwynebwyr.

Pan ddaw Crist fel marchog i'r frwydr fawr, gwarchodir ei enw cudd, *yr enw na wyddai neb ond ef ei hun* (adn. 12; cymh. 2: 17; 3: 12), er mwyn sicrhau mai ef yn unig all arfer y grym a'r awdurdod sydd ynghlwm wrth yr enw hwnnw (Gen. 32: 29; Barn. 13: 17-18). Serch hynny, gellir datgelu enwau megis *Gair Duw* (cymh. Ioan 1: 1-14), oherwydd Crist yw'r un sy'n datguddio a chyflawni ewyllys Duw (Es. 55: 11; cymh. Doeth. 18: 15-16: 'pan lamodd dy air hollalluog o'th orsedd frenhinol yn y nef, yn rhyfelwr llym i ganol y wlad yr oedd i'w dinistrio, â chleddyf miniog dy orchymyn dilys yn ei law'). Ar ben hyn, *yr oedd y fantell amdano wedi ei throchi mewn gwaed* (adn. 13). Mae'r ddelwedd hon yn deillio o Es. 63: 2-4, lle dywed y rhyfelwr dwyfol: 'Bûm yn sathru'r grawnwin fy hunan, ac nid oedd neb o'r bobl gyda mi; sethrais hwy yn fy llid a'u mathru yn fy nicter; ymdaenodd eu gwaed dros fy nillad, nes cochi fy ngwisgoedd i gyd' (63: 3; cymh. Gen. 49: 9-11). Ond gwaed Crist ei hun, nid gwaed ei elynion, sydd ar ei fantell yng ngweledigaeth Ioan (1: 5; 5: 9; 7: 14; 12: 11), oherwydd nid yw lladdfa'r bwystfil a'i ddilynwyr wedi digwydd eto (adn. 19-21). Yn yr un modd ag y mae'r 'Llew o lwyth Jwda' wedi gorchfygu trwy ei ddioddefaint a'i farwolaeth fel Oen (5: 5-10), mae mantell Crist y marchog yn goch gan waed ei dystiolaeth ffyddlon.

Mae byddinoedd y nef yn canlyn Crist ar geffylau gwynion, *wedi eu gwisgo â lliain main disgleirwyn* (adn. 14). Fe ymddengys mai cyfeiriad sydd yma at y merthyron Cristnogol (yn hytrach nag at angylion), sef dilynwyr yr Oen a 'alwyd ac a etholwyd ac sy'n ffyddlon' (17: 14). Mae mentyll y merthyron hyn yn wyn am iddynt gael eu golchi 'a'u cannu yng ngwaed yr Oen' (7: 14), a gallant 'orchfygu' ac ennill buddugoliaeth gyda'r Oen ar gyfrif eu tystiolaeth ffyddlon ac o achos eu parodrwydd i ganlyn llwybr yr Oen hyd angau (cymh. 3: 4-5, 18; 6: 11; 12: 11). Amlygir eu mentyll gwyn, felly, yn eu gweithredoedd cyfiawn, sef 'y lliain main disgleirwych' sy'n addurno pobl Dduw, priodferch yr Oen (19: 8).

Nid galwad sydd yma ar i ddilynwyr yr Oen ymuno mewn brwydr dreisgar yn enw Crist, ond iddynt wneud safiad yn erbyn drygioni a chyfranogi o gyfiawnder Iesu (cymh. adn. 11). Nid arfau confensiynol a ddefnyddia Crist y marchog, ond cleddyf llym ei air a ddaw o'i enau i *daro'r cenhedloedd ag ef* (adn. 15; cymh. Es. 11: 4; Heb. 4: 12). Bydd Crist y barnwr-frenin yn llywodraethu'r cenhedloedd *â gwialen haearn* (cymh. 12: 5; Salm 2: 9) ac yn *sathru gwinwryf digofaint llidiog Duw* (cymh. 14: 19-20; Es. 63: 2-3). Asiant a chynrychiolydd Duw'r barnwr ydyw, ac y mae'n deilwng i dderbyn enwau a berthyn i Dduw ei hun (adn. 16; cymh. 17: 14; 1 Tim. 6: 15), sef *Brenin brenhinoedd* (Dan. 2: 37) ac *Arglwydd arglwyddi* (Deut. 10: 17). Datgelir yr enwau hyn yn gwbl agored er mwyn i'r byd ddirnad fod Crist yn meddu sofraniaeth dros bob peth a bod ei frenhiniaeth dros holl frenhinoedd y ddaear.

Darlun moel a llym a gyflwyna Ioan o'r frwydr (adn. 17-21), un a ddisgrifiwyd mewn gweledigaeth arall fel brwydr Armagedon (16: 14-16). Bwriad Ioan yw deffro a brawychu ei ddarllenwyr hunanfodlon sy'n barod i ildio i safonau paganaidd yr ymerodraeth yn hytrach na bod yn dystion ffyddlon a gwir. Golygfa o ganlyniadau'r frwydr a gyflwynir i ddechrau, oherwydd saif angel yn yr haul a galw ar yr adar i ymgasglu i *wledd fawr Duw* (adn. 17; Esec. 39: 17-20). Y bwyd a ddarperir ar eu cyfer yw cnawd brenhinoedd a chadfridogion, cnawd y cryfion, cnawd ceffylau a'u marchogion, *a chnawd pawb, yn rhyddion ac yn gaethion, yn fach ac yn fawr* (adn. 18). Mae'r olygfa hon yn barodi ffiaidd ar wledd briodas yr Oen (19: 9), a thra bod un yn cyfleu neges o obaith a bendith sy'n agored i bawb (5: 9-14; 7: 9-10; 15: 4), mae'r llall yn mynegi rhybudd a melltith ar bawb sy'n ymlynu wrth y bwystfil ac yn gwrthod edifarhau.

Byr iawn yw'r frwydr ei hun, oherwydd er i'r bwystfil a'i ddilynwyr ddod ynghyd i *ryfela yn erbyn y marchog, y ceffyl a'i fyddin* (adn. 19), caiff y bwystfil a'r gau-broffwyd eu dal yn ddisymwth a'u bwrw yn fyw *i'r llyn tân oedd yn llosgi â brwmstan* (adn. 20), sef y gosb derfynol sy'n gyfystyr ag ail farwolaeth (20: 4). Ac er i Grist ladd brenhinoedd y ddaear a'u byddinoedd â'r cleddyf oedd yn dod allan o'i enau (adn. 21), daw eu cosb eithaf pan ymddangosant gyda'r meirw o flaen yr orsedd fawr wen i gael eu barnu gan Dduw (20: 15).

20: 1-10 **Y Mil Blynyddoedd**

Yn dilyn ailddyfodiad Crist a chwymp y bwystfil a'r gau-broffwyd (19: 20), gwêl Ioan angel *a chanddo yn ei law allwedd y pydew diwaelod a chadwyn fawr* i rwymo Satan (adn. 1). Mae Ioan wedi oedi hyd yn awr i ddisgrifio cwymp Satan, oherwydd ef yw gwreiddyn pob drygioni a ffynhonnell awdurdod y bwystfil a'r gau-broffwyd (13: 4, 11). Serch hynny, mae Satan wedi colli cyfran sylweddol o'i rym ers iddo gael ei fwrw allan o'r nef (12: 7-13), ac yn awr, o ganlyniad i ddinistr ei offerynnau dieflig ar y ddaear, mae'n wannach byth. Yn ôl y weledigaeth bresennol, gan hynny, gall yr angel afael *yn y ddraig, yr hen sarff, sef Diafol a Satan,* a'i rhwymo â'r gadwyn yn ei law (adn. 2). Yna, caiff y ddraig ei chloi ym mhwll y pydew diwaelod (9: 1-11; 11: 7; 17: 8), *a'i selio arni rhag iddi dwyllo'r cenhedloedd eto* (adn. 3). Mae darlun Ioan yn ddyledus i'r disgrifiad o farn Duw ar ei wrthwynebwyr a ddisgrifir gan Eseia (24: 21-22), oherwydd 'fe'u cesglir ynghyd, yn glòs fel carcharorion mewn cell; caeir arnynt yng ngharchar, a'u cosbi ymhen amser hir' (cymh. adn. 3, 7, 10).

Yn ôl Llyfr Datguddiad, y pwll diwaelod fydd trigfan y diafol *am fil o flynyddoedd* (adn. 2-3, 7), ac yn ystod y cyfnod hwn caiff ei atal rhag twyllo trigolion y ddaear. Ni all neb fynd i mewn i dŷ'r dyn cryf (Satan) heb iddo'n gyntaf rwymo'r dyn cryf (Marc 3: 27), a gall Crist deyrnasu ar ôl i Satan gael ei ddirymu. Mae'n bwysig cydnabod yr elfen gref o symboliaeth a berthyn i'r olygfa hon. Nid bwriad Ioan yw annog ei ddarllenwyr i dderbyn yn llythrennol ei bod hi'n bosibl rhwymo grym drygioni â chadwyn fawr ac y digwydd hyn am union fil o flynyddoedd. Mae'r rhif mil yn symbol a ddefnyddir yma i ddynodi cyfnod hir o amser, a'r testun a ddylanwadodd ar Ioan, yn ôl pob tebyg, yw Salm 90: 4: 'Oherwydd y mae mil o flynyddoedd yn dy olwg fel doe sydd wedi mynd heibio, ac fel gwyliadwriaeth yn y nos'. Byrdwn gweledigaethau apocalyptaidd Llyfr Datguddiad yw na ellir cyfyngu ergyd eu neges i un lle ac amser.

Ar ôl i'r angel selio drws y pydew diwaelod, gwêl Ioan y rhai sy'n *teyrnasu gyda Christ am fil o flynyddoedd* (adn. 4, 6). Ond pwy yn union yw'r ffigurau hyn? Dywed Ioan, yn gyntaf, iddo weld *gorseddau* (cymh. Dan. 7: 9), *ac yn eistedd arnynt y rhai y rhoddwyd iddynt awdurdod i farnu* (adn. 4). Awgryma rhai esbonwyr mai cyfeiriad ydyw at y pedwar henuriad ar hugain sy'n eistedd ar orseddau yn yr orseddle nefol (4: 4), er na sonnir o gwbl amdanynt yn barnu gyda Duw. Y farn a goleddir gan eraill, felly, yw eu bod yn cynrychioli deuddeg disgybl Iesu sy'n derbyn awdurdod i farnu gyda Mab y Dyn (cymh. Math. 19: 28). Yr hyn sy'n rhaid ei benderfynu yw natur y berthynas rhwng y rhai sy'n eistedd ar orseddau i farnu a'r rhai a ddisgrifir yn y cymal canlynol fel *eneidiau'r rhai a ddienyddiwyd* (yn llythrennol: 'y torrwyd ymaith eu pen', sef dull Rhufeinig o ddienyddio troseddwyr) *ar gyfrif tystiolaeth Iesu ac ar gyfrif gair Duw* (cymh. 6: 9; 12: 17). Er i amryw o esbonwyr a chyfieithiadau o'r testun (gan gynnwys y BCN) eu hystyried fel dau grŵp gwahanol, mae'n fwy tebygol y dylid eu huniaethu â'i gilydd, oherwydd mae'r cysylltair rhwng y ddau gymal (*kai*), a gyfieithir fel *(gwelais) hefyd* gan y BCN, yn gallu golygu 'hynny yw' (nid yw'r testun Groeg ychwaith yn cynnwys yr ail *gwelais*). Os felly, yr hyn a wêl Ioan yw'r 'rhai y rhoddwyd iddynt awdurdod i farnu, hynny yw, eneidiau'r rhai a ddienyddiwyd'. Mae'r merthyron wedi cael eu gorseddu o achos eu ffyddlondeb i Grist, oherwydd *nid oedd y rhain wedi addoli'r bwystfil na'i ddelw ef* (adn. 4). 'Rhof iddo eistedd gyda mi ar fy ngorsedd' (3: 21) yw'r addewid a dderbynia'r sawl sy'n gorchfygu, a chyfeirir ddwywaith yn y weledigaeth hon at y merthyron yn *teyrnasu gyda Christ* (adn. 4, 6). Fel canlyniad i oruchafiaeth Crist, cipiwyd brenhiniaeth y bwystfil oddi wrtho a'i roi i'w orchfygwyr sy'n gwrthod ildio i dwyll Satan (15: 2), boed hynny ar draul eu bywydau eu hunain (12: 11). O safbwynt Ioan, mae'r merthyron yn cynnwys Cristnogion a ddienyddiwyd eisoes (2: 13) a'r nifer helaeth o gredinwyr fydd yn dioddef yr un dynged yn y dyfodol.

Un o nodweddion hynod Llyfr Datguddiad yw tuedd yr awdur i nodi lleoliad amrywiol gymeriadau'r gweledigaethau cyn cynnig disgrifiad ohonynt (4: 2, 4; 14: 14; 20: 11). Felly, ar ôl cyflwyno'r merthyron yn eistedd ar orseddau, dywedir: *daethant yn fyw, a theyrnasu gyda Christ am fil o flynyddoedd* (adn. 4; cymh. 2: 26-27). Dilynwyr ffyddlon yr Oen yw'r cyntaf i gael eu cyfodi o blith y meirw i gyfranogi o deyrnasiad mil blynyddoedd Crist. Dyma'r *atgyfodiad cyntaf*, oherwydd *ni ddaeth gweddill y meirw yn fyw nes i'r mil blynyddoedd ddod i ben*, pan ddigwydd yr ail atgyfodiad (adn. 5; gweler adn. 11-15). Llyfr Datguddiad, yn wir, yw'r unig destun yn y TN i gyfeirio at ddau atgyfodiad (atgyfodiad y merthyron ac atgyfodiad gweddill y ddynolryw), a deillia'r syniad, yn ôl pob tebyg, o Lyfr Daniel, lle sonnir am '*lawer* o'r rhai sy'n cysgu yn llwch y ddaear yn deffro' (12: 2). Gwynfydedig a sanctaidd yw'r merthyron hyn, *byddant yn offeiriaid Duw a Christ* (cymh. 1: 6; 5: 10) a bydd eu hatgyfodiad yn gyfystyr â bywyd tragwyddol; ni fydd yn rhaid iddynt wynebu barn Duw na marwolaeth eto, oherwydd *nid oes gan yr ail farwolaeth awdurdod arnynt* (adn. 6). Ceir yma atgof o addewid Crist i aelodau'r saith eglwys y derbyniant goron y bywyd os ydynt yn ffyddlon hyd angau (2: 10).

Dyna'r cyfan a ddywed Ioan am deyrnasiad mil blynyddoedd Crist, er i'r adran gyfarwydd hon fod yn destun trafodaeth am ganrifoedd lawer ac yn sail i amryw o gredoau Cristnogol a adwaenir fel milflwyddiaeth ('millennialism'). Ceir syniadau cyffelyb i'r eiddo Ioan mewn testunau apocalyptaidd Iddewig a gyfansoddwyd yn fuan ar ôl 70 OC, lle sonnir am deyrnasiad ddaearol y Meseia am gyfnod cyn adnewyddiad y greadigaeth (2 Baruch 40: 3-4; 4 Esra 7: 28-29: 'Datguddir fy mab, y Meseia, gyda'r rhai sydd yn ei gwmni, a gorfoleddant am bedwar cant o flynyddoedd'). Fe ymddengys mai teyrnasiad ar y ddaear, yn hytrach nag yn y nefoedd, a ragdybir yn yr olygfa hon, er na wneir cyfeiriadau clir at leoliad Crist a'i ddilynwyr ffyddlon. Y ddaear yw lleoliad y weledigaeth o Satan yn cael ei rwymo (adn. 1-3) ac o ymosodiad a chwymp y cenhedloedd (adn. 7-10), ac nid oes unrhyw awgrym yn y testun bod teyrnasiad y merthyron atgyfodedig gyda Christ yn digwydd mewn lleoliad gwahanol. Serch hynny, fel y nodwyd eisoes yng nghyswllt carchariad Satan, ni olyga'r weledigaeth hon bod yn rhaid cynnig dehongliad llythrennol o'r cyfeiriad at deyrnasiad ddaearol Crist a'r saint am fil o flynyddoedd (fel y gwneir mewn amryw fersiynau diweddarach o draddodiad milflwyddiaeth). Symbol yw'r teyrnasiad mil blynyddoedd o'r addewid y bydd Duw yn cyfiawnhau'r saint ar gyfrif eu tystiolaeth ffyddlon.

Bydd teyrnasiad ddaearol Crist a'r merthyron yn baratoad ar gyfer ymddangosiad y Jerwsalem newydd (21: 1 - 22: 5), ond, cyn hynny, rhyddheir Satan o'r pydew diwaelod *am ychydig amser* (adn. 3) *pan ddaw'r mil blynyddoedd i ben* (adn. 7). Carchar dros dro, yn hytrach na chosbedigaeth derfynol Satan, yw'r pwll diwaelod. Pan ollyngir ef yn rhydd, daw *i dwyllo'r cenhedloedd ym mhedwar ban y byd, sef lluoedd Gog a Magog, a'u casglu ynghyd i ryfel* (adn. 8). Er mai cyfnod heddychlon yw teyrnasiad y Meseia tra bod Satan wedi'i rwymo, pan gaiff ei ollwng yn rhydd daw twyll i'r golwg drachefn a gwrthryfel daearol yn erbyn Duw a'r Oen. Nid oes amheuaeth nad proffwydoliaeth Eseciel (pen. 38-39) a symbylodd Ioan i ddarlunio gwrthwynebwyr Duw fel Gog a Magog, er nad yw'n dilyn trefn a chynnwys y weledigaeth honno'n slafaidd. Yn ôl Eseciel, o dir Magog y daw Gog i gasglu ynghyd ei luoedd o blith y cenhedloedd er mwyn ymosod ar y bobl sy'n byw'n ddiogel ar fynyddoedd Israel (38: 1-16). Rhybuddia Duw y bydd yn dinistrio'r byddinoedd hyn â thân (38: 22; 39: 6), sef tynged y byddinoedd yng ngweledigaeth Ioan (adn. 9). Bydd adar yn gwledda ar gnawd y meirw (Esec. 39: 4, 17-20), er mai yng nghyswllt goruchafiaeth Crist dros ddilynwyr y bwystfil y defnyddia Ioan y ddelwedd hon (19: 17-21).

Daw lluoedd Gog a Magog ynghyd ac *amgylchynu gwersyll y saint a'r ddinas sy'n annwyl i Dduw* (adn. 9). Atgoffir y darllenwyr, felly, o'r gwersyll lle trigai Israel tra bu'n crwydro yn yr anialwch, o angel yr Arglwydd a wersylla 'o amgylch y rhai sy'n ei ofni, ac y mae'n eu gwaredu' (Salm 34: 7), ac o'r ddinas sy'n annwyl i Dduw (Eccles. 24: 11; cymh. Salm 78: 68; 87: 2). Y Jerwsalem ddaearol ar Fynydd Seion (14: 1-5) yw trigfan y saint yn y weledigaeth hon, oherwydd nid ymddengys y Jerwsalem nefol hyd y bennod nesaf (21: 10). Ond cyn ei hymddangosiad hi, caiff lluoedd y cenhedloedd eu difa'n llwyr gan dân (adn. 9). Fe ellid dadlau, ar un olwg, bod Ioan eisoes wedi rhoi sylw i gwymp y cenhedloedd sy'n wrthwynebus i Dduw yn 19: 17-21, ond dinistr cyfran ohonynt a ddisgrifiwyd yno, tra mai byddinoedd Gog a Magog yw'r gweddill. Gall gelyniaeth tuag at Dduw a gwrthryfel yn ei erbyn ailgodi pa le bynnag a phryd bynnag y mae Satan ar waith. Dyma paham mae'n rhaid i Satan gael ei fwrw *i'r llyn tân a brwmstan*, lle caiff ef, y bwystfil a'r gau-broffwyd *eu poenydio ddydd a nos byth bythoedd* (adn. 10; cymh.

14: 11; 19: 3). Mae'n rhaid dinistrio grym Satan yn llwyr, oherwydd ni bydd lle i ddrygioni yn y greadigaeth newydd.

20: 11-15 **Y Farn gerbron yr Orsedd Fawr Wen**

Darlun o farnedigaeth y meirw yw'r weledigaeth hon (cymh. 11: 18). A thra mai symbol o sancteiddrwydd Duw fel barnwr yw gwynder ei *orsedd fawr*, arwydd o'i awdurdod grymus yw'r cyfeiriad at y ddaear a'r nef yn ffoi o'i bresenoldeb (adn. 11), ac at y môr, Marwolaeth a Thrigfan y Meirw yn ildio'r meirw oedd ynddynt (adn. 13). Gwêl Ioan y meirw hyn *yn sefyll o flaen yr orsedd* i gael eu barnu (adn. 12). Dyma'r rhai nas cyfodwyd ar achlysur yr atgyfodiad hwnnw a neilltuwyd a gyfer y merthyron (adn. 4-6), ond a gyfodir yn awr i'r ail atgyfodiad (adn. 12-13). Mae ymddangosiad y llyfrau sy'n sail i'r farnedigaeth yn cadarnhau bod y cyfiawn a'r anghyfiawn yn cael eu galw i sefyll gerbron yr orsedd. Cyfeirir yn gyntaf at lyfrau cownt nefol sy'n cofnodi holl weithredoedd y ddynolryw, oherwydd *barnwyd y meirw ar sail yr hyn oedd yn ysgrifenedig yn y llyfrau, yn ôl eu gweithredoedd* (adn. 12; cymh. Es. 65: 6; Dan. 7: 10; 12: 1-2). Rhagdybia Ioan, felly, y bydd o leiaf ddau lyfr nefol yn cael eu defnyddio adeg y Farn Olaf, un yn cofnodi gweithredoedd y rhai cyfiawn a'r llall yn gofnod o weithredoedd y rhai anghyfiawn.

Ond cyfeiria Ioan hefyd at *lyfr arall, sef llyfr y bywyd* (adn. 12; 3: 5; 13: 8; 17: 8; 21: 27), ac y mae a wnelo'r llyfr hwn nid yn gymaint â gweithredoedd dynol ond â thrugaredd Duw. Dywedwyd bod enwau'r rhai cadwedig yn ysgrifenedig yn y llyfr hwn 'er seiliad y byd' (17: 8), ond nid yw'r enwau a gynhwysir yn gwbl ragordeiniedig, oherwydd gall Crist ychwanegu neu dorri allan enwau pobl (3: 5) ar sail eu penderfyniad i ymlynu wrtho ef neu ynteu wrth y bwystfil. Adeg y Farn Olaf, felly, bydd y rhai diedifar sydd wedi ochri â'r bwystfil, ac na chafwyd eu henwau'n ysgrifenedig yn *llyfr y bywyd* (adn. 15), yn cael eu bwrw i'r llyn tân gyda Satan, y bwystfil a'r gau-broffwyd, Marwolaeth a Thrigfan y Meirw (adn. 14; cymh. 14: 9-11). Dyma yw cosbedigaeth dragwyddol a thanllyd yr ail farwolaeth, ond neges gyson Llyfr Datguddiad yw y gall 'y rhai sy'n cadw gorchmynion Duw a'u ffydd yn Iesu' (14: 12) osgoi'r fath gosbedigaeth.

21: 1-8 **Y Nef Newydd a'r Ddaear Newydd**

Mae Llyfr Datguddiad yn cyrraedd ei uchafbwynt gyda chyfres o weledigaethau sy'n datgelu canlyniadau'r fuddugoliaeth dros ddrygioni. Canolbwynt y gweledigaethau hyn yw gobaith yn hytrach na barn, cymundeb wedi gwrthdaro, bywyd yn lle marwolaeth. Fe egyr yr olygfa â phanorama'r *nef newydd a daear newydd* (adn. 1), a thystir i waredigaeth y greadigaeth gyfan (cymh. Rhuf. 8: 18-25). Mae'r Duw 'a greodd bob peth' (4: 11) bellach yn cyflawni ei weithgarwch achubol ar ran yr holl greadigaeth. Realiti newydd yw'r greadigaeth hon, *oherwydd yr oedd y nef gyntaf a'r ddaear gyntaf wedi mynd heibio,* a chyflawniad o hen addewidion Duw: 'Yr wyf fi'n creu nefoedd newydd a daear newydd; ni chofir y pethau gynt na meddwl amdanynt' (Es. 65: 17). Mae'n debygol mai adnewyddiad llwyr y greadigaeth, yn hytrach na chreadigaeth gwbl newydd o ddim, sydd gan Ioan mewn golwg. Bydd Duw yn trawsffurfio'r nef a'r ddaear ar gyfer bywyd o ansawdd newydd a pherffaith. Dyma'r bywyd sy'n llawn o ogoniant Duw, y bywyd hwnnw na all drygioni na marwolaeth ei gyffwrdd. Ychwanegir, felly, na bydd môr mwyach, am mai symbol o anhrefn dieflig a thrigfan y bwystfil yw'r môr yn y llyfr hwn (13: 1).

Ar yr un pryd, mae diflaniad y môr yn golygu nad oes gwahanfur bellach rhwng y nef a'r ddaear. Gwêl Ioan *y ddinas sanctaidd, Jerwsalem newydd, yn disgyn o'r nef, wedi ei pharatoi fel priodferch wedi ei thecáu i'w gŵr* (adn. 2; cymh. Es. 61: 10). Cyfeiriwyd eisoes at briodferch yr Oen yn ymbaratoi ar gyfer ei phriodas (19: 7), ond cyhoeddir yn awr mai'r briodferch yw'r Jerwsalem newydd, gan baratoi ar gyfer y weledigaeth fawr ohoni yn ddiweddarach yn y llyfr (21: 9 - 22: 5). Yn wir, mae delwedd y Jerwsalem newydd mor gyfoethog ac aml-lefelog yn Llyfr Datguddiad fel yr eglura Ioan ei harwyddocâd yn nhermau lle (dinas sanctaidd, teml, paradwys), pobl (deuddeg llwyth Israel, deuddeg apostol yr Oen, cenhedloedd a brenhinoedd) a phresenoldeb gogoneddus Duw a'r Oen. Mae'r weledigaeth hon o'r ddinas yn disgyn o'r nef (adn. 1) yn ddatguddiad, felly, o uniad y nef a'r ddaear; dônt ynghyd yn y Jerwsalem newydd lle preswylia Duw gyda'i bobl.

Clyw Ioan lais uchel o'r orsedd yn cyhoeddi: *Wele, y mae preswylfa Duw gyda dynion* (adn. 3). Ni bydd Duw, yn y Jerwsalem newydd, wedi'i orseddu uwchlaw'r angylion yn yr entrychion nefol, ond yn bresennol ymhlith ei bobl ac wedi'i orseddu gyda'r Oen ynghanol y ddinas sanctaidd (22: 3). Ar ben hyn, mae presenoldeb Duw gyda'i bobl yn arwydd o'r bendithion a dderbyniant yn y greadigaeth newydd. Sychir *pob deigryn o'u llygaid hwy* (cymh. 7: 17), ac *ni bydd marwolaeth mwyach, na galar na llefain na phoen* (adn. 4; cymh. Es. 25: 7-8), oherwydd mae'r *pethau cyntaf*, a nodweddai'r byd o dan deyrnasiad Satan a'r bwystfil, wedi mynd heibio.

Er na chlywyd llais Duw ei hun ers adran agoriadol y llyfr (1: 8), mae'n ymyrryd yn awr i gyhoeddi ei bresenoldeb ac i gadarnhau mai'r un a greodd bob peth fydd yn adnewyddu bob peth: *Wele, yr wyf yn gwneud pob peth yn newydd* (adn. 5; cymh. Tud 601 Es. 43: 19). Tanlinellir pwysigrwydd y geiriau hyn gan orchymyn Duw iddynt gael eu cofnodi gan Ioan, ac fe'u disgrifir fel *geiriau ffyddlon a gwir*. Mae'r greadigaeth newydd yn gyflawniad o addewidion Duw drwy'r proffwydi, yn enwedig Eseia (a adleisir yn gyson yn y weledigaeth hon). *Y mae'r cwbl ar ben* (adn. 6), oherwydd gwelwyd cyflawniad y pethau a fu'n rhan o gynllun tragwyddol Duw. Gall gloi, felly, â'r datganiad a gyhoeddodd ar ddechrau'r llyfr: *Myfi yw Alffa ac Omega, y*

esboniad 121
Yn yr H Dest. Duw fel priodfab, Israel fel priod
Yn y Test Newydd Crist fel priodfab Eglwys fel priodferch

22:12 Wele yr wyf yn dod yn fuan

dechrau a'r diwedd (cymh. 1: 8). Duw yw'r Creawdwr (yn y greadigaeth) a'r Gwaredwr (yn y greadigaeth newydd), yr un sy'n gwahodd y sychedig i yfed *diod yn rhad o ffynnon dŵr y bywyd* (cymh. 22: 1; Es. 49: 10; 55: 1).

Mae'r geiriau o addewid a rhybudd a gyhoeddir gan Dduw ar ddiwedd y weledigaeth hon (adn. 7-8) yn atgoffa'r darllenwyr o realiti'r byd y trigant ynddo. Bydd y rhai ffyddlon *sy'n gorchfygu*, trwy ddyfalbarhau a gwrthod ildio i dwyll Babilon a'r bwystfil, yn etifeddu'r bendithion a ddaw yn sgîl y greadigaeth newydd a'r ddinas sanctaidd; dyma'r bendithion a addawyd iddynt ar ddechrau'r llyfr yng nghlo pob un o'r saith llythyr at yr eglwysi (2: 7, 11, 17, 28; 3: 5, 12, 21). Ond yn achos y rhai sy'n cael eu swyno gan Fabilon a'r bwystfil ac yn ildio i'w safonau eilunaddolgar ac anfoesol (adn. 8; cymh. 9: 20-21; 22: 15), eu tynged hwy fydd yr *ail farwolaeth*. Enwir yr amrywiol bechodau i annog pobl i'w gwrthod ar fyrder. Mae'n rhaid dod allan o Fabilon (18: 4) er mwyn cael mynediad i'r ddinas sanctaidd.

21: 9 - 22: 5 **Y Jerwsalem Newydd**

Ceir tebygrwydd trawiadol rhwng adnodau cyntaf yr olygfa hon (adn. 9-10) a'r cyflwyniad i'r weledigaeth o gwymp Babilon (17: 1-3). Yn y naill achos a'r llall, mae Ioan yn cael ei annog gan *un o'r saith angel oedd â'r saith ffiol ganddynt* i'w ddilyn i weld 'y butain fawr' (17: 1) neu'r *briodferch, gwraig yr Oen* (21: 1). Yna caiff ei gludo *yn yr Ysbryd* 'i anialwch' i weld y Babilon fawr (17: 3) neu *i fynydd mawr ac uchel* i weld y Jerwsalem newydd (21: 2). Yn wir, ceir darluniau gwrthgyferbyniol o'r ddwy ddinas o ddechrau i ddiwedd y gweledigaethau hyn. Trigfa cythreuliaid yw Babilon (18: 2), ond preswylfa Duw a'r Oen yw'r Jerwsalem newydd (21: 3). Mae'r butain yn ffigur ysblennydd ar draul bywydau dynol (18: 12-13), ond mae gogoniant y briodferch yn deillio o Dduw (21: 11-21). Mae'r ddinas fawr yn llawn aflendid a thwyll (17: 4-5; 18: 23), ond nid oes dim halogedig a ffiaidd yn y ddinas sanctaidd (21: 27). Mae'r butain yn meddwi'r cenhedloedd ar win ei phuteindra (17: 2; 18: 3), ond fe'u gwahoddir gan y briodferch i yfed o ffynnon dŵr y bywyd (22: 1-2). Mae gwrthgyferbynnu o'r fath yn dechneg effeithiol i siarsio darllenwyr y llyfr hwn i'w hynysu eu hunain oddi wrth hunanfodlonrwydd a gormodedd Babilon, er mwyn cofleidio'r bendithion bywiol a gynigia'r Jerwsalem newydd.

Yn unol â'r pwyslais ar y ddinas fel un *â gogoniant Duw ganddi*, dywedir bod ei llewyrch fel *llewyrch gem dra gwerthfawr, fel maen iasbis, yn disgleirio fel grisial* (adn. 11). Ailgydia Ioan yn y darlun gogoneddus a phrydferth hwn yn ei ddisgrifiad o'r gemau ac aur pur a addurnai fur a phyrth y ddinas (adn. 18-21). Rhestrir deuddeg gwahanol fath o emau sy'n addurno sylfeini ei mur, gan adleisio'r traddodiad beiblaidd ynghylch y gemau a addurnai ddwyfronneg yr archoffeiriad (Exod. 28: 17-20). Awgryma hyn, felly, mai swyddogaeth y gemau yw pwysleisio statws offeiriadol pobl Dduw (cymh. 1: 6; 5: 10; 20: 6), a gynrychiolir gan y Jerwsalem newydd. Ceir arwyddion eraill o'r ddinas sanctaidd fel symbol o gymuned ogoneddus pobl Dduw (cymh. 12: 1-6, 13-17), yn enwedig y defnydd cyson o'r rhif deuddeg yn y disgrifiad o fur a phyrth y Jerwsalem newydd (adn. 12-14, 16-21; cymh. 22: 2). Yn ysgrifenedig ar ei deuddeg porth mae enwau *deuddeg llwyth meibion Israel* (adn. 12; cymh. Esec. 48: 30-34), ac ar ddeuddeg carreg sylfaen ei mur mae *enwau deuddeg apostol yr Oen* (adn. 14; cymh. Eff. 2: 20).

Yn ogystal â hyn, cymer yr angel *wialen fesur o aur* i fesur mur a phyrth y ddinas (adn. 15; cymh. Esec. 40: 3). Dywedir, i ddechrau, ei bod *wedi ei llunio'n betryal, ei hyd yn gyfartal â'i lled* (adn. 16). Ond ymddengys hefyd mai ciwb perffaith yw'r ddinas, gan mai *deuddeng mil o fesurau* yw ei hyd, ei lled a'i huchder. Golyga hyn mai cyfanswm mesuriad ochrau'r ddinas giwbig hon (12,000 x 12) yw 144,000, sef rhif symbolaidd gweision Duw a dilynwyr yr Oen (7: 4-8; 14: 1-5). Cadarnheir hyn pan ddywed Ioan mai mesuriad (trwch) y mur o amgylch y ddinas yw *cant pedwar deg a phedwar o'r mesurau dynol yr oedd yr angel yn mesur wrthynt* (adn. 17). Pe dehonglid y mesuriadau hyn yn llythrennol, byddai'r Jerwsalem newydd yn mesur tua 1,500 milltir ar ei hyd ac 1,500 milltir o uchder. Ond ergyd y symboliaeth hon, mewn gwirionedd, yw pwysleisio bod y ddinas yn gyflawniad (a mwy) o addewidion Duw drwy'r proffwydi, oherwydd yng ngweledigaeth Eseciel mae'r ddinas a'i deuddeg porth yn mesur ychydig mwy na 1.5 milltir ar bob ochr (48: 30-35). Awgryma siâp ciwbig y ddinas, yn ogystal, mai cysegr sanctaidd yw'r Jerwsalem newydd, gan mai dyma oedd ffurf y cysegr yn nheml Solomon (1 Bren. 6: 20). Yr archoffeiriad yn unig oedd â'r hawl i gael mynediad i'r cysegr hwn ac i bresenoldeb Duw, ond yr holl ddinas yw cysegr sanctaidd Duw yng ngweledigaeth Ioan, a llenwir y Jerwsalem newydd â phresenoldeb gogoneddus Duw a'r Oen. Mae maint a siâp y ddinas yn fynegiant, gan hynny, o'i sancteiddrwydd a'i pherffeithrwydd.

Dyma paham y dywed Ioan na welodd deml yn y ddinas, *oherwydd ei theml hi yw'r Arglwydd Dduw, yr Hollalluog a'r Oen* (adn. 22). Er i Eseciel gyhoeddi mai enw'r Jerwsalem newydd fydd 'Y mae'r Arglwydd yno' (48: 35), ac i Sechareia ddweud fod yr holl ddinas yn sanctaidd fel y deml (14: 20-21), Llyfr Datguddiad yw'r unig destun beiblaidd i ddatgan nad oes lle neilltuol ar gyfer y presenoldeb dwyfol; mae'r ddinas oll yn ymgorfforiad o bresenoldeb sanctaidd Duw a'r Oen. Am y rheswm hwn, nid oes angen *haul na lleuad i dywynnu* ar y Jerwsalem newydd, *oherwydd gogoniant Duw sy'n ei goleuo, a'i lamp hi yw'r Oen* (adn. 23). Dyma gyflawniad, unwaith yn rhagor, o broffwydoliaeth Llyfr Eseia am ddinas ogoneddus Seion: 'Nid yr haul fydd mwyach yn goleuo i ti yn y dydd, ac nid y lleuad fydd yn llewyrchu i ti yn y nos; ond yr Arglwydd fydd yn oleuni di-baid i ti, a'th Dduw fydd yn ddisgleirdeb i ti' (60: 19-20).

Yn un o ddatganiadau agoriadol y broffwydoliaeth hon am

Seion, cyhoeddir hefyd: 'Fe ddaw'r cenhedloedd at dy oleuni, a brenhinoedd at ddisgleirdeb dy wawr' (Es. 60: 3). Adleisir y geiriau proffwydol hyn gan Ioan, pan ddywed y bydd *y cenhedloedd yn rhodio yn ei goleuni hi, a brenhinoedd y ddaear yn dwyn eu gogoniant i mewn iddi* (adn. 24). Bydd llewyrch y ddinas hon, lle ni bydd nos (adn. 25), yn atyniad i genhedloedd a brenhinoedd y ddaear, a byddant yn dwyn i mewn iddi *ogoniant a golud y cenhedloedd* (adn. 26). Dyma gyflawniad arall o'r gobaith proffwydol, er mai cyfoeth materol yw'r 'golud' a ddygir gan y cenhedloedd i Jerwsalem ym mhroffwydoliaeth Eseia (60: 5-17). Mae'r gogoniant a'r anrhydedd a ddygir gan y cenhedloedd i'r Jerwsalem newydd (adn. 24, 26) yn fynegiant o'u ffydd yn Nuw a'r Oen fel ffynhonnell pob gogoniant ac anrhydedd (cymh. 4: 11; 5: 12, 13; 7: 12).

Mae'r weledigaeth o'r ddinas sanctaidd yn parhau yn yr ail bennod ar hugain (adn. 1-5), a dengys yr angel *afon dŵr y bywyd, yn ddisglair fel grisial, yn llifo allan o orsedd Duw a'r Oen, ar hyd canol heol y ddinas* (adn. 1-2). Amrywiad ar thema'r ddinas fel teml yw'r olygfa agoriadol hon, oherwydd yn ôl Eseciel mae'r dyfroedd yn llifo o'r deml (47: 1; cymh. Sech. 14: 8). Mae'r Jerwsalem newydd yn ardd paradwys yn ogystal â theml: *ar ddwy lan yr afon yr oedd pren y bywyd, yn dwyn deuddeg cnwd, gan roi pob cnwd yn ei fis* (adn. 2). Pren bywyd gardd Eden yw hwn (Gen. 2: 9; 3: 24), ond, yn unol â gweledigaeth Eseciel o'r 'coed ffrwythau o bob math' a dyf ar y glannau oddeutu'r afon ac a ffrwytha bob mis (47: 12), mae *pren y bywyd* yn derm casgliadol i ddynodi'r coed a dyf ar lannau *afon dŵr y bywyd* (adn. 1). Dim ond yng ngweledigaeth Ioan, fodd bynnag, y cyfeirir at y pren yn dwyn *deuddeg cnwd*. Ac er i Eseciel ddatgan bod 'eu dail yn iechyd' (47: 12), mae dail y pren ym mharadwys y Jerwsalem newydd *er iachâd y cenhedloedd* (adn. 2). Yn yr olygfa baradwys-aidd hon o'r greadigaeth newydd, daw delweddau pobl y cyfamod (y deuddeg) a'r cenhedloedd ynghyd. Adferir yr harmoni a fu yng ngardd Eden, ond a chwalwyd gan anufudd-dod dynol a'r felltith ddwyfol (Gen. 3: 1-24). Caiff holl drigolion y Jerwsalem newydd fwynhau bendithion y greadigaeth drachefn, a chyfranogi o fwyd a diod y bywyd tragwyddol.

Uchafbwynt a chanolbwynt y weledigaeth o'r ddinas sanctaidd yw *gorsedd Duw a'r Oen, a'i weision yn ei addoli* (adn. 3). Atgoffir y darllenwyr o'r gweledigaethau cyntaf o drigolion nefol yn gwasanaethu ac addoli Duw ddydd a nos (pen. 4-5). Ond dilynwyr ffyddlon yr Oen yw'r gweision fydd yn addoli yn y Jerwsalem newydd, a chânt weld wyneb Duw (adn. 4). Yn y deml ddaearol, gwisgai'r archoffeiriad enw sanctaidd Duw ar ei dalcen (Ex. 33: 36-38) a châi fynediad, unwaith y flwyddyn, i bresenoldeb Duw yn y Cysegr Sancteiddiolaf. Ond yn y ddinas a lenwir gan bresenoldeb sanctaidd Duw, caiff yr holl addolwyr wisgo ei enw ar eu talcennau ac, yn groes i draddodiad yr HD (Ex. 33: 20-23; cymh. Ioan 1: 18), weld llewyrch wyneb Duw a byw. Bydd gweision Duw yn y Jerwsalem newydd yn offeiriaid ac yn 'urdd frenhinol' (1: 6; 5: 10), gan deyrnasu gyda Duw a'r Oen byth bythoedd (adn. 5).

22: 6-21 **Dyfodiad Crist**

Mae gweddill Llyfr Datguddiad yn tywys y darllenwyr o ysblander y ddinas sanctaidd i realiti eu bywydau ar y ddaear. Prif amcan yr adran sy'n cloi'r llyfr yw pwysleisio awdurdod a tharddiad dwyfol proffwydoliaeth Ioan. Ond adran gymhleth yw hon, am ei bod hi'n gasgliad o oraclau a datganiadau unigol, ac nid yw'n eglur bob amser pwy sy'n llefaru'r datganiadau hyn. O ran ffurf, gellir diffinio'r adran yn nhermau cyflwyniad (adn. 6-9) ac epilog (adn. 10-21).

Angel a lefara'n gyntaf, gan gyhoeddi bod holl broffwydoliaeth Llyfr Datguddiad yn *eiriau ffyddlon a gwir* (adn. 6), megis geiriau Duw a Christ ei hun (3: 14; 19: 11; 21: 5). Awgryma cynnwys y datganiad hwn fod y llyfr yn tynnu at ei derfyn, a cheir adlais o'r prolog (1: 1) yn y geiriau *y mae'r Aglwydd Dduw, sy'n ysbrydoli'r proffwydi, wedi anfon ei angel i ddangos i'w weision y pethau y mae'n rhaid iddynt ddigwydd ar fyrder* (adn. 6). Mae'r naill adran a'r llall yn pwysleisio bod y Diwedd yn agos ac yn nodi pwy a berthyn i'r gadwyn datguddiad. Mae'n debygol, yn wir, mai'r angel a lefara yn yr epilog yw'r un a ddisgrifir yn adnod gyntaf y llyfr fel negesydd Duw. Yn yr un modd, mae'r fendith a gyhoeddir ar y rhai sy'n *cadw geiriau proffwydoliaeth y llyfr hwn* (adn. 7) yn adleisio'r fendith ar 'y rhai sy'n gwrando geiriau'r broffwydoliaeth hon ac yn cadw'r hyn sy'n ysgrifenedig ynddi' (1: 3). Serch hynny, mae'r cyfeiriad at y pethau sydd i ddigwydd ar fyrder yn peri i lais arall, llais Iesu ei hun, darfu ar gyhoeddiad yr angel, gan ddweud: *Ac wele, yr wyf yn dod yn fuan* (cymh. 2: 16; 3: 11; 22: 12, 20).

Dilynir hyn gan olygfa fer yn ailadrodd yr hyn a ddigwyddodd eisoes yn y llyfr, sef Ioan yn plygu i addoli angel am iddo gamgymryd mai dyma ffynhonnell y geiriau dwyfol (adn. 7; cymh. 19: 10). Yna dywed yr angel nad yw Ioan i *osod geiriau proffwydoliaeth y llyfr hwn dan sêl* (adn. 10). Yn wahanol, felly, i'r cyfarwyddyd a dderbyniodd Daniel ynghylch selio cynnwys ei lyfr hyd amser y diwedd (12: 4, 9), llyfr agored i'w ddarllen ar fyrder yw Llyfr Datguddiad. Fe berthyn cryn amwyster i gynnwys adn. 11 (*yr anghyfiawn, parhaed yn anghyfiawn . . .*), yn enwedig o gofio'r pwyslais cyson ar edifeirwch yng ngweledigaethau'r llyfr. Dull ymadrodd ydyw mewn gwirionedd (cymh. Esec. 3: 27) i atgoffa'r darllenwyr mai eu hymateb hwy i'r broffwydoliaeth sy'n pennu a ydynt yn gyfiawn neu'n anghyfiawn, yn aflan neu'n sanctaidd. Ymhelaethir ar hyn yn adn. 14-15, a chyn hynny yng ngeiriau Iesu ei hun, a gyhoedda am yr eilwaith ei fod ar fin dychwelyd, gan ychwanegu y daw â gwobr i bob un *yn ôl ei weithredoedd* (adn. 12; cymh. 20: 12-13). Yn yr un modd ag y mae Duw yn cyhoeddi ar ddechrau a diwedd y llyfr mai ef yw'r 'Alffa ac Omega' (1: 8; 21: 6), gall Crist ei hun, 'dechreuad creadigaeth

Duw' (3: 14) ac asiant ei farnedigaeth olaf, ddatgan yn awr: *Myfi yw Alffa ac Omega, y cyntaf a'r olaf, y dechrau a'r diwedd.*

Llais yr angel, yn ôl pob tebyg, a gyhoedda'r seithfed a'r olaf o wynfydau Llyfr Datguddiad (adn. 14; cymh. 1: 3; 14: 13; 16: 15; 19: 9; 20: 6; 22: 7). Ailgydir yma yn nelwedd y Jerwsalem newydd. Bydd y rhai sy'n *golchi eu mentyll,* trwy gyfrwng eu tystiolaeth ffyddlon hyd angau (cymh. 7: 14), yn cael *hawl ar bren y bywyd a mynediad trwy'r pyrth i'r ddinas.* Nid yw Ioan yn rhagdybio y bydd pob Cristion ffyddlon yn gorfod wynebu erledigaeth a marwolaeth; mae'n dramateiddio'r creisis sydd ar y gorwel fel rhybudd i'r darllenwyr na all unrhyw un ohonynt, os cadwant holl eiriau'r broffwydoliaeth, fod yn gwbl hyderus y byddant yn osgoi marwolaeth. Dim ond y cyfiawn, er hynny, all gael mynediad i'r Jerwsalem newydd; bydd y pyrth ar gau i'r rhai hynny sy'n addoli'r bwystfil ac yn efelychu anfoesoldeb y butain (adn. 15).

Ceir adlais o weledigaeth agoriadol y llyfr pan ddywed Iesu ei fod wedi anfon ei angel i dystiolaethu am y pethau hyn *ar gyfer yr eglwysi* (adn. 16). Mewn hunan-ddatganiad llawn o ddelwedd feseianaidd, cyhoedda mai ef yw *Gwreiddyn a Hiliogaeth Dafydd* (adn. 17; cymh. 5: 5) a *seren ddisglair y bore* (cymh. 2: 28). Dilynir hyn gan wahoddiadau a briodolir i'r Ysbryd ac i'r briodferch (adn. 17). Llefara'r Ysbryd wrth yr eglwysi trwy Ioan a phroffwydi Cristnogol eraill (gweler pen. 2-3), tra bod y briodferch yn cynrychioli'r Eglwys a fydd, trwy gyfrwng ei thystion ffyddlon, yn gwahodd pob un sychedig i yfed o ddŵr y bywyd (cymh. 21: 6; Es. 55: 1).

Atgoffir y darllenwyr drachefn o'r awdurdod dwyfol a berthyn i Lyfr Datguddiad, oherwydd rhybuddia Iesu nad oes gan neb yr hawl i ychwanegu at eiriau'r broffwydoliaeth hon na cheisio hepgor peth o'i chynnwys (adn. 18-19). Yr oedd tuedd copïwyr i adolygu, cwtogi neu ehangu ar gynnwys llyfrau yn ffenomen gyffredin yn yr Hen Fyd, ond mae geiriau Iesu hefyd yn adlewyrchu'r gwaharddiad rhag ychwanegu at orchmynion

Duw na thynnu dim oddi wrthynt (Deut. 4: 1-2; 12: 32). Mae'n rhaid cadw holl eiriau'r broffwydoliaeth hon, er mor anodd yw hynny, i gyfranogi o bren y bywyd a chael mynediad i'r ddinas sanctaidd. Er mwyn annog pobl, felly, i ddyfalbarhau yn eu ffydd a'u tystiolaeth, dywed Iesu, 'y tyst ffyddlon', am y seithfed tro yn y llyfr: *Yn wir, yr wyf yn dod yn fuan* (adn. 20; cymh. 2: 5, 16; 3: 11; 16: 15; 22: 7, 12).

Yn rhinwedd ei swyddogaeth yntau fel tyst a phroffwyd, ymateb Ioan yw: *Amen. Tyrd, Arglwydd Iesu!* Cyn diweddu'r llyfr â chlo arferol llythyr (adn. 21), adleisir y weddi Aramaeg *Marana tha*, a ddefnyddiwyd gan yr eglwysi fel cri ar i Iesu ymddangos drachefn yn eu plith (1 Cor. 16: 22). Gobaith di-syfl Ioan yn ailddyfodiad Crist, gan hynny, fu'n symbyliad iddo gyhoeddi ei neges apocalyptaidd o rybudd ac addewid, o farn a bendith.

LLYFRYDDIAETH

Esboniadau

Aune, D.E. — *Revelation,* Word Biblical Commentary, Vols. 52A-C, Dallas: Word Books; Nashville: Thomas Nelson Publishers, 1997, 1998.

Beasley-Murray, G. R. — *Revelation,* The New Century Bible Commentary, London: Marshall, Morgan and Scott, 1974.

Caird, G. B. — *A Commentary on the Revelation of St. John the Divine,* Black's New Testament Commentaries, London: A & C Black, 1984$_2$.

Knight, J. — *Revelation,* Readings: A New Biblical Commentary, Sheffield: Academic Press, 1999.

Koester, C. R. — *Revelation and the End of All Things,* Cambridge/Grand Rapids: W. B. Eerdmans, 2001.

Rowland, C. — *Revelation,* Epworth Commentaries, London: Epworth Press, 1993.

Schüssler Fiorenza, E. — *Revelation: Vision of a Just World,* Edinburgh: T & T Clark, 1993.

Sweet, J. — *Revelation,* TPI New Testament Commentaries, London: SCM Press, 1990$_2$.

Llyfrau Eraill

Bauckham, R. — *The Climax of Prophecy: Studies on the Book of Revelation,* Edinburgh: T & T Clark, 1993.

Bauckham, R. — *The Theology of the Book of Revelation,* New Testament Theology, Cambridge: CUP, 1993.

Court, J. M. — *Revelation,* New Testament Guides, Sheffield: JSOT Press, 1994.

Davies, E. W. — *Yr Epistolau Cyffredinol,* Cyfres Beibl a Chrefydd 8: Arweiniad i'r Testament Newydd Cyfrol III, Caerdydd: Gwasg Prifysgol Cymru, 1989.

Desrosiers, G. — *An Introduction to Revelation: A Pathway to Interpretation,* Continuum Biblical Studies Series, London/New York: Continuum, 2000.

Garrow, A. J. P. *Revelation*, New Testament Readings, London/New York: Routledge, 1997.

Laws, S. *In the Light of the Lamb: Imagery, Parody, and Theology in the Apocalypse of John*, Good News Studies 31, Wilmington: Michael Glazier, 1988.

Moyise, S. *The Old Testament in the Book of Revelation*, JSNT Supplement Series 115, Sheffield: Academic Press, 1995.

Pippin, T. *Death and Desire: The Rhetoric of Gender in the Apocalypse of John*, Lousville: Westminster/John Knox Press, 1992.

Rowland, C. *The Open Heaven: A Study of Apocalyptic in Judaism and Early Christianity*, London: SPCK, 1982.

Schüssler Fiorenza, E. *The Book of Revelation: Justice and Judgment*, Minneapolis: Fortress Press, 1998.

Yarbro Collins, A. 'The Book of Revelation', *The Encyclopaedia of Apocalypticism. Volume 1: The Origins of Apocalypticism in Judaism and Christianity*, ed. J. J. Collins, New York: Continuum, 1998, 384-414.